はしがき

平成29年度決算より、「公会計」は地方公共団体の「制度」として定着している。総務省の会計基準（新統一基準）に基づく財務書類が作成されているだけでなく、その背景には複式簿記の「仕組」が整備されている。明治維新と共に出現した地方の自治体制度が、150年経てやっと本格的な会計制度をもつに至ったことであり、その歴史的意義は大きい。

しかし、制度は制度自体に目的があるわけでなく、その制度が、地方公共団体の財政の改革に役立って始めて意義をもつ。いま地方公会計は、その課題に大きく直面している。いわゆる「活用問題」である。しかし、「活用」は本格的に展開されるには、この制度がより広い人々の中で、理解される必要があると考える。既に多くの「関係者間」では公会計の理解はすすんでいる。しかし、多くの住民、議会、行政に従事されている一般の職員の方々という広い範囲で公会計の理解者が増えることが、これからの課題であると思われる。

1980年代から、全世界で公会計が広がったのは、既に各方面で述べられてきたように、一方における膨大な資産の累積と他方における公債の累積という、ストック経済の重圧に対する解決策を探ることであったが、もう一つには、地方を含む国家財政の効率化という問題であった。「効率と公平のトレードオフ」「公共選択」「民営化問題」が大きなテーマとして論じられ、こうした二つの課題の解決には、長い歴史を持つ企業会計の手法が効果的であることが主張され、又その成果が示されてきた。日本でもＪＲ、ＮＴＴ、郵政と大きな成果をあげ、今日では、「すべての」公営企業の法適化（発生主義会計の導入）が、大きな課題となっている。

しかし、もとより、国家組織（地方自治体を含む）と企業組織は、その組織の性格を異にしており、企業会計もそのままでは適用出来ず、公的組織の特徴をどのように取り入れるかが公会計の課題であった。日本では2000年代の初頭より、そのための数々の「試行」がなされ今日に至っている。今日出来上がった新統一基準（この書物で採用されている基準）は、20年にわたる国際的な経験のうえに、さらに日本の15年の経験をふまえた成果であり、一応の到達点となっている。公会計は始まったばかりであり、その基準は、一層、改善、改革されていく可能性はありとはいえ、そのためには、まず一定の期間の実践（何よりもその活用）が前提とされる。

日本における複式簿記の普及は、実質的には第二次大戦後の数年間であったといわれている。他の技能の普及と同じく、その速度は急速である。公会計も又、その状況が期待される。この書物は短いが、短期間に全体を理解出来るよう、工夫が加えられている。日本の財政問題は、いよいよ重大な時期にさしかかりつつあり、より正しい解決を財政民主主義の基盤の上につくりあげるためには、１人でも多くの方々の公会計理解が必要であり、そのための関係の諸機関が有用な方策を立案されていくことを期待してはしがきとさせていただきたい。

一般社団法人地方公会計研究センター
代表理事　淺田隆治

本書の利用方法

1 項目ごとに全体像を把握しましょう

本文の読解前に学習項目の目次を確認し、全体像を掴みましょう。

目　次

第１章

地方公会計財務書類の様式と関係

全体像をイメージ！

2 本文を一読してみましょう

本文中の重要語句は太字になっていますので、太字箇所は特に注意して読み進めていきましょう。

また、重要項目が一目でわかる図解もついていますので、図解と照らし合わせて確認すると効果的です。

金銭債権
- 営業債権
  - 売上債権（受取手形・売掛金など）
  - その他（営業活動上の貸付金・立替金など）
- 営業外債権 ―― 営業債権以外の貸付金・立替金など

(3)　**貸倒引当金繰入の損益計算書上の表示**

貸倒引当金繰入は、当期の全体的な収益を得るのに必要な費用として考えられるため、営業債権（異常なものを除く）は、損益計算書上、**販売費及び一般管理費**に表示する。また、営業外債権（異常なものを除く）は、損益計算書上、**営業外費用**に表示する。

重要語句も
図解でスッキリ！

地方公会計教科書
（応用編）

― 地方公会計検定２級対応 ―

大原出版

3 範例を確認してみましょう

範例を解答して本文の理解度を確認してみましょう。

【範例1－1】 財務書類4表の関係

以下の資料を参照して、A市の財務書類（貸借対照表、行政コスト計算書、純資産変動計算書、資金収支計算書）を作成しなさい。なお、資料から判明すること以外は、考慮しなくてよい。

〔資料〕各財務書類の項目の金額

1．貸借対照表

固定資産	619,500百万円
流動資産	
うち、現金預金	各自推算
現金預金以外	9,800百万円
固定負債	158,900百万円
流動負債	11,200百万円
純資産	各自推算

答案用紙 （単位：百万円）

貸借対照表

固定資産 ①	固定負債 ④
	流動負債 ⑤
流動資産 現金預金 ② 現金預金以外 ③	純資産 ⑥

資金収支計算書

行政コスト計算書

経常費用 ⑭	経常収益 ⑯
	臨時利益 ⑰
臨時損失 ⑮	純行政コスト ⑱

純資産変動計算書

純行政コスト ⑱	前年度末純資産残高

本文や図解を参照しながら答えを考えてみましょう

答えがわかったら答え合わせをしてみましょう
間違ったらもう一度本文を確認！

4 練習問題を解答してみましょう

本文の中に check! 問題集 第1編 問題2－1 といった表現がされている箇所があります。

これは、そこまでの内容で姉妹編の「地方公会計問題集（応用編）」（別売）の該当問題が解答可能であることを示していますので、問題集をお持ちの方はぜひチャレンジしてみましょう。

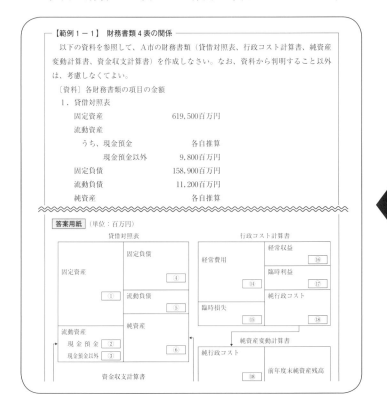

目　次

第3章

仕訳例

第４章

固定資産台帳の実務

第５章

注記及び附属明細書

第６章

連結財務書類

第１章　地方公会計財務書類の様式と関係

第1節　財務書類の対象範囲

1　財務書類の対象となる会計

都道府県、市町村（特別区を含む。）並びに地方自治法第284条第１項の一部事務組合及び広域連合（以下「地方公共団体」という。）は、一般会計及び地方公営事業会計以外の特別会計からなる一般会計等財務書類を財務書類作成要領に基づき作成する。

さらに、一般会計等に地方公営事業会計を加えた全体財務書類、全体財務書類に地方公共団体の関連団体を加えた連結財務書類をあわせて作成することとなる。一般会計等、全体及び連結財務書類の対象となる団体（会計）は、次のとおりである。

財務書類の対象となる団体（会計）

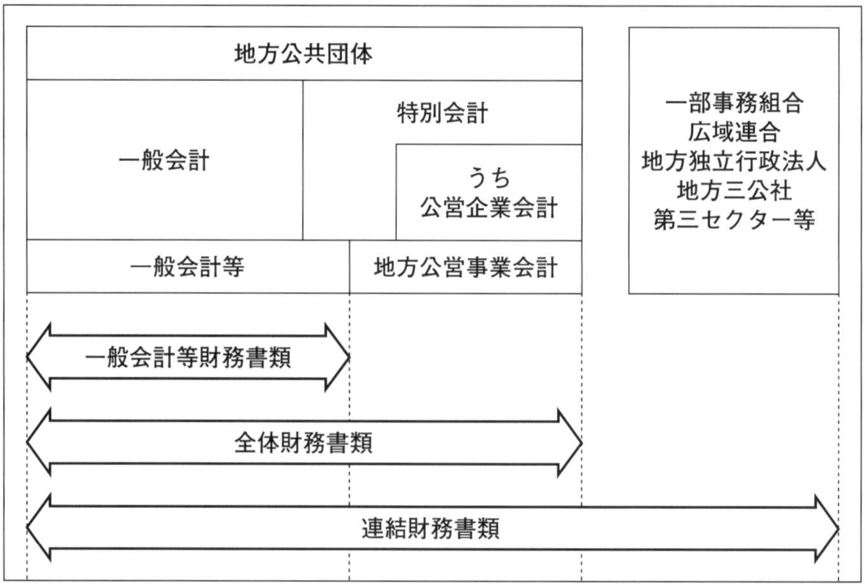

【出典】　総務省公表資料

第2節　財務書類の相互関係

統一的な基準に基づく財務書類4表の相互関係は、次のとおりとなる（一般会計等財務書類を前提）。

なお、行政コスト計算書及び純資産変動計算書を1つにまとめて作成することもできる。

財務書類4表構成の相互関係

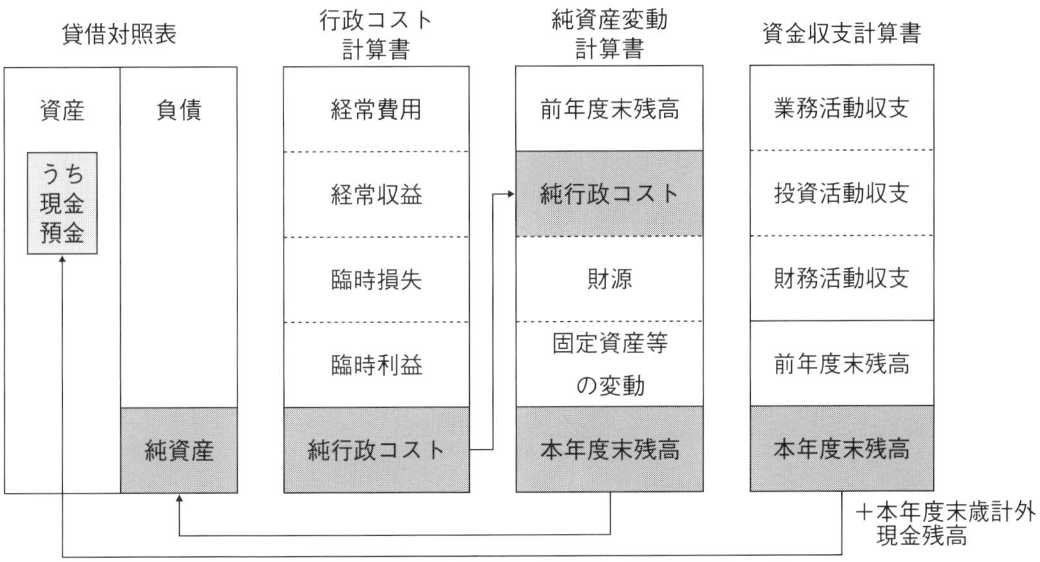

①貸借対照表の資産のうち「現金預金」の金額は、資金収支計算書の本年度末残高に本年度末歳計外現金残高を足したものと対応します。

②貸借対照表の「純資産」の金額は、資産と負債の差額として計算されますが、これは純資産変動計算書の期末残高と対応します。

③行政コスト計算書の「純行政コスト」の金額は、純資産変動計算書に記載されます。

【出典】　総務省公表資料

具体的に財務書類４表の相互関係を示すと、次のようになる。

行政コスト計算書　（単位：百万円）

科　目	金額
経常費用	
業務費用	96,152
人件費	25,073
職員給与費	16,039
賞与等引当金繰入額	1,067
退職手当引当金繰入額	1,295
その他	6,672
物件費等	30,627
物件費	1,733
維持補修費	6,085
減価償却費	17,403
その他	5,406
その他の業務費用	40,452
支払利息	4,045
その他	36,407
移転費用	94,367
補助金等	12,057
社会保障給付	82,310
経常収益	40,297
使用料及び手数料	39,114
その他	1,183
純経常行政コスト	150,222
臨時損失	12,266
災害復旧事業費	3,570
資産除売却損	8,696
臨時利益	1,075
資産売却益	147
その他	928
純行政コスト	161,413

資金収支計算書　（単位：百万円）

科　目	金額
【業務活動収支】	
業務支出	174,171
業務費用支出	79,699
人件費支出	26,388
物件費等支出	13,224
支払利息支出	4,045
その他の支出	36,042
移転費用支出	94,472
補助金等支出	8,827
社会保障給付支出	82,310
その他の支出	3,335
業務収入	197,330
税収等収入	71,193
国県等補助金収入	85,845
使用料及び手数料収入	40,292
臨時支出	3,570
災害復旧事業費支出	3,570
業務活動収支	19,589
【投資活動収支】	
投資活動支出	33,929
公共施設等整備費支出	19,127
基金積立金支出	2,360
その他の支出	12,442
投資活動収入	15,174
基金取崩収入	1,154
資産売却収入	706
その他の収入	13,314
投資活動収支	△18,755
【財務活動収支】	
財務活動支出	20,694
地方債償還支出	20,171
その他の支出	523
財務活動収入	20,428
地方債発行収入	20,067
その他の収入	361
財務活動収支	△266
本年度資金収支額	568
前年度末資金残高	8,185
本年度末資金残高	8,753

前年度末歳計外現金残高	0
本年度歳計外現金増減額	0
本年度末歳計外現金残高	0
本年度末現金預金残高	8,753

貸借対照表　（単位：百万円）

科　目	金額	科　目	金額
【資産の部】		【負債の部】	
固定資産	896,546	固定負債	227,605
有形固定資産	880,832	地方債	203,266
事業用資産	287,635	退職手当引当金	21,646
土地	163,308	その他	2,693
建物	123,101	流動負債	16,450
その他	931	１年内償還予定地方債	12,928
建設仮勘定	295	未払金	1,742
インフラ資産	590,715	賞与等引当金	1,067
土地	289,219	預り金	313
建物	255,307	その他	400
その他	13,420	負債合計	244,055
その他減価償却累計額		【純資産の部】	
建設仮勘定	32,769	固定資産等形成分	645,827
物品	2,482	余剰分（不足分）	29,995
無形固定資産	4,821		
ソフトウェア	78		
その他	4,743		
投資その他の資産	10,893		
投資及び出資金	2,418		
出資金	1,843		
その他	575		
長期貸付金	375		
基金	8,100		
減債基金	1		
その他	8,099		
流動資産	23,331		
現金預金	8,753		
未収金	4,635		
基金	9,838		
財政調整基金	9,838		
棚卸資産	105	純資産合計	675,822
資産合計	919,877	負債及び純資産合計	919,877

純資産変動計算書　（単位：百万円）

科　目	合計	固定資産等形成分	余剰分（不足分）
前年度末純資産残高	693,625	664,924	28,701
純行政コスト（△）	△161,413		△161,413
財源	157,035		157,035
税収等	71,299		71,299
国県等補助金	85,736		85,736
本年度差額	△4,378		△4,378
固定資産等の変動（内部変動）		△5,881	5,881
有形固定資産等の増加		19,479	△19,479
有形固定資産等の減少		△25,778	25,778
貸付金・基金等の増加		2,464	△2,464
貸付金・基金等の減少		△2,046	2,046
資産評価差額	△24,073	△24,073	
無償所管換等	10,857	10,857	
その他	△209	0	△209
本年度純資産変動額	△17,803	△19,097	1,294
本年度末純資産残高	675,822	645,827	29,995

≪参考≫

各財務書類の様式等

1．貸借対照表【様式第１号】

貸借対照表
（　年　月　日現在）　　　　（単位：　）

科　　目	金　額	科　　目	金　額
【資産の部】		【負債の部】	
固定資産		固定負債	
有形固定資産		地方債	
事業用資産		長期未払金	
土地		退職手当引当金	
立木竹		損失補償等引当金	
建物		その他	
建物減価償却累計額		流動負債	
工作物		１年内償還予定地方債	
工作物減価償却累計額		未払金	
船舶		未払費用	
船舶減価償却累計額		前受金	
浮標等		前受収益	
浮標等減価償却累計額		賞与等引当金	
航空機		預り金	
航空機減価償却累計額		その他	
その他		負債合計	
その他減価償却累計額		【純資産の部】	
建設仮勘定		固定資産等形成分	
インフラ資産		余剰分（不足分）	
土地			
建物			
建物減価償却累計額			
工作物			
工作物減価償却累計額			
その他			
その他減価償却累計額			
建設仮勘定			
物品			
物品減価償却累計額			
無形固定資産			
ソフトウェア			
その他			
投資その他の資産			
投資及び出資金			
有価証券			
出資金			
その他			
投資損失引当金			
長期延滞債権			
長期貸付金			
基金			
減債基金			
その他			
その他			
徴収不能引当金			
流動資産			
現金預金			
未収金			
短期貸付金			
基金			
財政調整基金			
減債基金			
棚卸資産			
その他			
徴収不能引当金		純資産合計	
資産合計		負債及び純資産合計	

2. 行政コスト計算書【様式第２号】

行政コスト計算書
自　　　年　月　日
至　　　年　月　日　　　　（単位：　）

科　　　目	金　　額
経常費用	
業務費用	
人件費	
職員給与費	
賞与等引当金繰入額	
退職手当引当金繰入額	
その他	
物件費等	
物件費	
維持補修費	
減価償却費	
その他	
その他の業務費用	
支払利息	
徴収不能引当金繰入額	
その他	
移転費用	
補助金等	
社会保障給付	
他会計への繰出金	
その他	
経常収益	
使用料及び手数料	
その他	
純経常行政コスト	
臨時損失	
災害復旧事業費	
資産除売却損	
投資損失引当金繰入額	
損失補償等引当金繰入額	
その他	
臨時利益	
資産売却益	
その他	
純行政コスト	

３．純資産変動計算書【様式第３号】

純資産変動計算書
自　　　年　月　日
至　　　年　月　日
（単位：　）

科　　目	合　計	固定資産等形成分	余剰分（不足分）
前年度末純資産残高			
純行政コスト（△）			
財源			
税収等			
国県等補助金			
本年度差額			
固定資産等の変動（内部変動）			
有形固定資産等の増加			
有形固定資産等の減少			
貸付金・基金等の増加			
貸付金・基金等の減少			
資産評価差額			
無償所管換等			
その他			
本年度純資産変動額			
本年度末純資産残高			

4．資金収支計算書【様式第４号】

資金収支計算書
自　　　年　月　日
至　　　年　月　日　　（単位：　）

科　　目	金　額
【業務活動収支】	
業務支出	
業務費用支出	
人件費支出	
物件費等支出	
支払利息支出	
その他の支出	
移転費用支出	
補助金等支出	
社会保障給付支出	
他会計への繰出支出	
その他の支出	
業務収入	
税収等収入	
国県等補助金収入	
使用料及び手数料収入	
その他の収入	
臨時支出	
災害復旧事業費支出	
その他の支出	
臨時収入	
業務活動収支	
【投資活動収支】	
投資活動支出	
公共施設等整備費支出	
基金積立金支出	
投資及び出資金支出	
貸付金支出	
その他の支出	
投資活動収入	
国県等補助金収入	
基金取崩収入	
貸付金元金回収収入	
資産売却収入	
その他の収入	
投資活動収支	
【財務活動収支】	
財務活動支出	
地方債償還支出	
その他の支出	
財務活動収入	
地方債発行収入	
その他の収入	
財務活動収支	
本年度資金収支額	
前年度末資金残高	
本年度末資金残高	

前年度末歳計外現金残高	
本年度歳計外現金増減額	
本年度末歳計外現金残高	
本年度末現金預金残高	

【範例１－１】 財務書類４表の関係

以下の資料を参照して、Ａ市の財務書類（貸借対照表、行政コスト計算書、純資産変動計算書、資金収支計算書）を作成しなさい。なお、資料から判明すること以外は、考慮しなくてよい。

〔資料〕各財務書類の項目の金額

１．貸借対照表

固定資産	619,500百万円
流動資産	
うち、現金預金	各自推算
現金預金以外	9,800百万円
固定負債	158,900百万円
流動負債	11,200百万円
純資産	各自推算

２．行政コスト計算書

経常収益	28,000百万円
臨時利益	700百万円
経常費用	135,800百万円
臨時損失	5,600百万円
純行政コスト	各自推算

３．純資産変動計算書

前年度末純資産残高	485,100百万円
財源	109,900百万円
純行政コスト	各自推算
資産評価差額等	△16,800百万円
本年度末純資産残高	各自推算

４．資金収支計算書

業務活動収入	137,900百万円
投資活動収入	10,500百万円
財務活動収入	14,000百万円
業務活動支出	123,900百万円
投資活動支出	23,100百万円
財務活動支出	14,700百万円
前年度末資金残高	5,600百万円
本年度末資金残高	各自推算

答案用紙（単位：百万円）

貸借対照表

固定資産 ①	固定負債 ④
	流動負債 ⑤
流動資産 現金預金 ② 現金預金以外 ③	純資産 ⑥

行政コスト計算書

経常費用 ⑭	経常収益 ⑯
	臨時利益 ⑰
臨時損失 ⑮	純行政コスト ⑱

純資産変動計算書

純行政コスト ⑱	前年度末純資産残高 ⑳
資産評価差額等 ⑲	
本年度末純資産残高 ⑥	財源 ㉑

資金収支計算書

業務活動収入 ⑦	業務活動支出 ⑪
投資活動収入 ⑧	投資活動支出 ⑫
財務活動収入 ⑨	財務活動支出 ⑬
前年度末資金残高 ⑩	本年度末資金残高 ②

①		②		③	
④		⑤		⑥	
⑦		⑧		⑨	
⑩		⑪		⑫	
⑬		⑭		⑮	
⑯		⑰		⑱	
⑲		⑳		㉑	

解　答　（単位：百万円）

貸借対照表

固定資産 619,500	固定負債 158,900
	流動負債 11,200
流動資産	純資産 465,500
現 金 預 金 6,300	
現金預金以外 9,800	

行政コスト計算書

経常費用 135,800	経常収益 28,000
	臨時利益 700
臨時損失 5,600	純行政コスト 112,700

純資産変動計算書

純行政コスト 112,700	前年度末純資産残高 485,100
資産評価差額等 16,800	
本年度末純資産残高 465,500	財源 109,900

資金収支計算書

業務活動収入 137,900	業務活動支出 123,900
投資活動収入 10,500	投資活動支出 23,100
財務活動収入 14,000	財務活動支出 14,700
前年度末資金残高 5,600	本年度末資金残高 6,300

check! 問題集 問題１－１

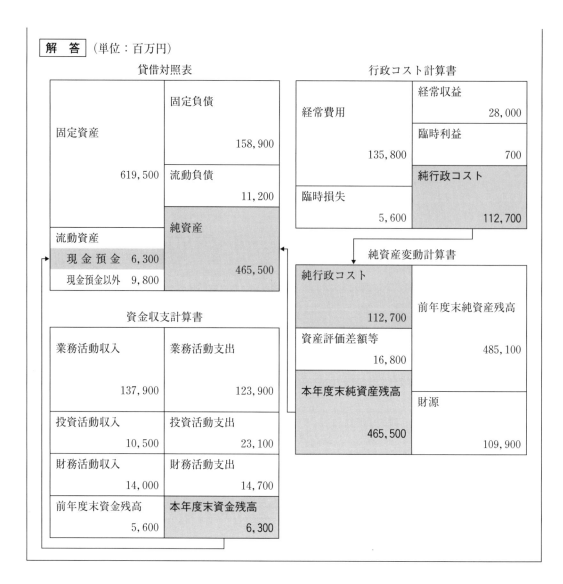

第3節 帳簿記入の流れ

地方公共団体の会計においても、通常の企業会計と同様、日々仕訳を前提とすれば、基本的には、①取引の仕訳を仕訳帳に行い、②仕訳で用いた各勘定（総勘定元帳に設けられている）に金額を転記する、の流れで帳簿記入が行われていく。

その後、会計期間末を迎えた段階で、総勘定元帳の記録をもとに、各勘定記入の合計額や残高を集計して合計残高試算表が作成され、これに整理仕訳（修正仕訳）等を加味し、財務書類（精算表）が作成されていく。

図解

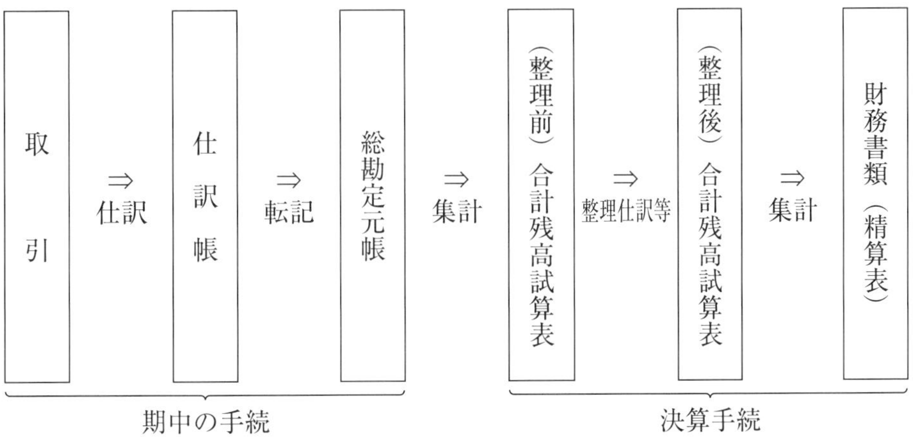

【範例１－２】 帳簿記入の流れ

以下のＢ県の資料を参照して、⑴各取引の仕訳を行い、⑵総勘定元帳の作成を行うとともに、⑶合計残高試算表を作成しなさい。なお、資料から判明すること以外は、考慮しなくてよい。

〔資料〕期中の取引（収入・支出はすべて現金預金で取引されている）

２月４日　住民から住民税500百万円を収受した。
３月１日　国から体育館建設の補助金として200百万円を受取った。
３月３日　地方債300百万円を発行した。
３月10日　体育館（建物）の建設費600百万円を支払った。
３月14日　Ａ法人への長期貸付金として100百万円を支出した。
３月18日　庁舎の電気料金60百万円を支払った。
３月20日　職員に給料140百万円を支払った。
３月25日　公共施設の使用料50百万円を収受した。
３月28日　消耗品20百万円分を購入した（すべて費用計上すべきものである）。
３月31日　賞与等引当金150百万円を計上した。

解　答

⑴　各取引の仕訳（単位：百万円）

	借　方　科　目	金　額	貸　方　科　目	金　額
２月４日	税収等収入（ＣＦ）	500	税収等（ＮＷ）	500
３月１日	国県等補助金収入（ＣＦ）	200	国県等補助金（ＮＷ）	200
３月３日	地方債発行収入（ＣＦ）	300	地方債（ＢＳ）	300
３月10日	建　物（ＢＳ）	600	公共施設等整備費支出（ＣＦ）	600
３月14日	長期貸付金（ＢＳ）	100	貸付金支出（ＣＦ）	100
３月18日	物件費（ＰＬ）	60	物件費等支出（ＣＦ）	60
３月20日	職員給与費（ＰＬ）	140	人件費支出（ＣＦ）	140
３月25日	使用料及び手数料収入（ＣＦ）	50	使用料及び手数料（ＰＬ）	50
３月28日	物件費（ＰＬ）	20	物件費等支出（ＣＦ）	20
３月31日	賞与等引当金繰入額（ＰＬ）	150	賞与等引当金（ＢＳ）	150

(2)　総勘定元帳の作成（単位：百万円）

①　貸借対照表関係

建　物

日　付	相　手　科　目	借　方	貸　方	残　高
３月10日	公共施設等整備費支出（ＣＦ）	600		600

長期貸付金

日　付	相　手　科　目	借　方	貸　方	残　高
３月14日	貸付金支出（ＣＦ）	100		100

現金預金

日　付	相　手　科　目	借　方	貸　方	残　高
２月４日	税収等（ＮＷ）	500		500
３月１日	国県等補助金（ＮＷ）	200		700
３月３日	地方債（ＢＳ）	300		1,000
３月10日	建物（ＢＳ）		600	400
３月14日	長期貸付金（ＢＳ）		100	300
３月18日	物件費（ＰＬ）		60	240
３月20日	職員給与費（ＰＬ）		140	100
３月25日	使用料及び手数料（ＰＬ）	50		150
３月28日	物件費（ＰＬ）		20	130

地方債

日　付	相　手　科　目	借　方	貸　方	残　高
３月３日	地方債発行収入（ＣＦ）		300	300

賞与等引当金

日　付	相　手　科　目	借　方	貸　方	残　高
３月31日	賞与等引当金繰入額（ＰＬ）		150	150

②　行政コスト計算書関係

職員給与費

日　付	相　手　科　目	借　方	貸　方	残　高
３月20日	人件費支出（ＣＦ）	140		140

賞与等引当金繰入額

日　付	相　手　科　目	借　方	貸　方	残　高
３月31日	賞与等引当金（ＢＳ）	150		150

物件費

日　付	相　手　科　目	借　方	貸　方	残　高
３月18日	物件費等支出（ＣＦ）	60		60
３月28日	物件費等支出（ＣＦ）	20		80

使用料及び手数料

日　付	相　手　科　目	借　方	貸　方	残　高
３月25日	使用料及び手数料収入（ＣＦ）		50	50

③　純資産変動計算書関係

税収等

日　付	相　手　科　目	借　方	貸　方	残　高
２月４日	税収等収入（ＣＦ）		500	500

国県等補助金

日　付	相　手　科　目	借　方	貸　方	残　高
３月１日	国県等補助金収入（ＣＦ）		200	200

④　資金収支計算書関係

人件費支出

日　付	相　手　科　目	借　方	貸　方	残　高
３月20日	職員給与費（ＰＬ）		140	140

物件費等支出

日　付	相　手　科　目	借　方	貸　方	残　高
３月18日	物件費（ＰＬ）		60	60
３月28日	物件費（ＰＬ）		20	80

税収等収入

日　付	相　手　科　目	借　方	貸　方	残　高
２月４日	税収等（ＮＷ）	500		500

使用料及び手数料収入

日　付	相　手　科　目	借　方	貸　方	残　高
３月25日	使用料及び手数料（ＰＬ）	50		50

公共施設等整備費支出

日　付	相　手　科　目	借　方	貸　方	残　高
３月10日	建物（ＢＳ）		600	600

貸付金支出

日　付	相　手　科　目	借　方	貸　方	残　高
３月14日	長期貸付金（ＢＳ）		100	100

国県等補助金収入（投資活動収支）

日　付	相　手　科　目	借　方	貸　方	残　高
３月１日	国県等補助金（ＮＷ）	200		200

地方債発行収入

日　付	相　手　科　目	借　方	貸　方	残　高
３月３日	地方債（ＢＳ）	300		300

(3)　合計残高試算表　　　　　　　　　　　　　　　　　　(単位：百万円)

勘　定　科　目	合　計　額		残　高	
	借方	貸方	借方	貸方
貸借対照表				
建物	600		600	
長期貸付金	100		100	
現金預金	1,050	920	130	
地方債		300		300
賞与等引当金		150		150
行政コスト計算書				
職員給与費	140		140	
賞与等引当金繰入額	150		150	
物件費	80		80	
使用料及び手数料		50		50
純資産変動計算書				
税収等		500		500
国県等補助金		200		200
合　計	2,120	2,120	1,200	1,200

資金収支計算書関係（現金預金の内訳）　　　　　　　　(単位：百万円)

勘　定　科　目	本年度計上額		本年度末残高	
	借方	貸方	借方	貸方
人件費支出		140		140
物件費等支出		80		80
税収等収入	500		500	
使用料及び手数料収入	50		50	
公共施設等整備費支出		600		600
貸付金支出		100		100
国県等補助金収入（投資活動収支）	200		200	
地方債発行収入	300		300	
合　計	1,050	920	1,050	920

check! 問題集　問題１－２

【範例１－３】 精算表

以下の資料を参照して、精算表及び資金収支計算書（現金預金の内訳）を作成しなさい。なお、資料から判明すること以外は、考慮しなくてよい。

〔資料〕

１．当期中の業務収入の内訳は、次のとおりである。

税収等収入	708百万円
（うち、前期末に未収計上したものの徴収額が72百万円ある。）	
使用料及び手数料収入	114百万円
その他の収入（利息収入）	4百万円

２．当期中の業務収入以外の収入は、次のとおりである。

国県等補助金収入（投資活動）	72百万円
地方債発行収入	216百万円

３．当期中の業務支出の内容は、次のとおりである。

人件費支出	444百万円
（うち、賞与等引当金の取崩しによる支払額が144百万円ある。）	
物件費等支出	168百万円
支払利息支出	22百万円

４．当期中の業務支出以外の支出は、次のとおりである。

公共施設等整備費支出	288百万円（土地に係るものである。）
貸付金支出	72百万円

５．当期中の歳入・歳出取引以外の取引は、次のとおりである。

(1) 建物につき減価償却費を14百万円計上する（記帳方法は直接法による。）。

(2) 退職手当引当金114百万円を計上する。

(3) 賞与等引当金156百万円を計上する。

(4) 期末時点における税収等の未収金84百万円を計上する。

６．各科目の当期首残高は、答案用紙の精算表を参照のこと。なお、期首の純資産残高はゼロとする。

答案用紙

≪精算表≫　　(単位：百万円)

勘定科目	本年度期首残高		本年度計上額		本年度末残高	
	借方	貸方	借方	貸方	借方	貸方
貸借対照表						
土地	840					
建物	576					
長期貸付金						
現金預金	216					
未収金	72					
地方債		1,200				
退職手当引当金		360				
賞与等引当金		144				
行政コスト計算書						
職員給与費						
賞与等引当金繰入額						
退職手当引当金繰入額						
物件費						
減価償却費						
支払利息						
使用料及び手数料						
その他（受取利息）						
純資産変動計算書						
税収等						
国県等補助金						
合計	1,704	1,704				

≪資金収支計算書（現金預金の内訳）≫　　（単位：百万円）

勘　定　科　目	本年度計上額	
	借方	貸方
人件費支出		
物件費等支出		
支払利息支出		
税収等収入		
使用料及び手数料収入		
その他の収入（利息収入）		
公共施設等整備費支出		
貸付金支出		
国県等補助金収入（投資活動収入）		
地方債発行収入		
合計		

解　答

≪精算表≫　　　　　　　　　　　　　　　　　　（単位：百万円）

勘定科目	本年度期首残高		本年度計上額		本年度末残高	
	借方	貸方	借方	貸方	借方	貸方
貸借対照表						
土地	840		288		1,128	
建物	576			14	562	
長期貸付金			72		72	
現金預金	216		1,114	994	336	
未収金	72		84	72	84	
地方債		1,200		216		1,416
退職手当引当金		360		114		474
賞与等引当金		144	144	156		156
行政コスト計算書						
職員給与費			300		300	
賞与等引当金繰入額			156		156	
退職手当引当金繰入額			114		114	
物件費			168		168	
減価償却費			14		14	
支払利息			22		22	
使用料及び手数料				114		114
その他（受取利息）				4		4
純資産変動計算書						
税収等				720		720
国県等補助金				72		72
合計	1,704	1,704	2,476	2,476	2,956	2,956

≪資金収支計算書（現金預金の内訳）≫　　（単位：百万円）

勘定科目	本年度計上額	
	借方	貸方
人件費支出		444
物件費等支出		168
支払利息支出		22
税収等収入	708	
使用料及び手数料収入	114	
その他の収入（利息収入）	4	
公共施設等整備費支出		288
貸付金支出		72
国県等補助金収入（投資活動収入）	72	
地方債発行収入	216	
合計	1,114	994

解　説

各取引の仕訳（単位：百万円）

1．業務収入

（借方）	税収等収入 -CF-	72	（貸方）	未収金 -BS-	72
	税収等収入 -CF-	636		税収等 -NW-	636※

※　708－72＝636

（借方）	使用料及び手数料収入 -CF-	114	（貸方）	使用料及び手数料 -PL-	114
（借方）	その他の収入 -CF-	4	（貸方）	その他(経常収益) -PL-	4

2．業務収入以外の収入

（借方）	国県等補助金収入(投資活動) -CF-	72	（貸方）	国県等補助金 -NW-	72
（借方）	地方債発行収入 -CF-	216	（貸方）	地方債 -BS-	216

3．業務支出

（借方）	賞与等引当金 −BS−	144	（貸方）人件費支出 −CF−	444
	職員給与費 −PL−	300※		

※　貸借差額

（借方）	物件費 −PL−	168	（貸方）物件費等支出 −CF−	168
（借方）	支払利息 −PL−	22	（貸方）支払利息支出 −CF−	22

4．業務支出以外の支出

（借方）	土地 −BS−	288	（貸方）公共施設等整備費支出 −CF−	288
（借方）	長期貸付金 −BS−	72	（貸方）貸付金支出 −CF−	72

5．その他の取引

（借方）	減価償却費 −PL−	14	（貸方）建物 −BS−	14
（借方）	退職手当引当金繰入額 −PL−	114	（貸方）退職手当引当金 −BS−	114
（借方）	賞与等引当金繰入額 −PL−	156	（貸方）賞与等引当金 −BS−	156
（借方）	未収金 −BS−	84	（貸方）税収等 −NW−	84

check! 問題集 問題１－３

第２章　地方公会計特有の論点

第1節　総　論

民間会計（企業会計）とは異なるルールに基づいて作成された官庁会計の決算内容は、民間で広く理解されることは難しいのが実情である。よって、公会計では民間会計のルールに準じて官庁の決算を作成公表することになった。更に、統一的な基準ではより理論的な観点から民間会計を意識して変更が加えられた。しかし、元々、地方公共団体特有の資産の存在や考え方があり、それらを反映したものでないと地方公共団体の実態を正確に表すことができないことになる。従ってそれら留意すべき項目につき、下記に説明していく。

（注１）　仕訳を起こすタイミングによって、《発生の都度仕訳を行う方式（以下、日々仕訳という）》と《期末に一括して仕訳を行う方式（以下、期末一括仕訳という）》の２方式がある。下記においては、日々仕訳を前提として記載している。

（注２）　条文の引用については、次のような表記とする。

財務書類作成要領：要領

資産評価及び固定資産台帳整備の手引き：資産評価手引き

地方自治法：地自法

地方自治法施行令：地自施

第2節　現金（歳計現金と歳計外現金）

地方公共団体が保有している現金には、大別して歳計現金と歳計外現金がある。

歳計現金とは地方自治法第235条の４に規定される地方公共団体の歳入歳出に属する現金である。

一方、地方公共団体に属しない現金を歳計外現金（歳入歳出外現金）という。具体的には地方公共団体職員の給与に係る源泉所得税や住民税そして公営住宅の敷金などがあり、民間会計（企業会計）における預り金である。こうした歳計外現金は地方公共団体の支払いに充てることができない理由から地方公共団体の本来の活動とは区別して取扱われる。また、地方自治法第235条の４第２項では“債権の担保として徴するもののほか、普通地方公共団体の所有に属しない現金または有価証券は、法律又は政令の規定によるのでなければ、これを保管することができない”と規定されている。しかし、職員給与の源泉所得税等は、支払事務上、付随して発生するものであるため実務的には省略することはできない。従って、歳計外現金に関する従来の公会計上の処理については、地方公共団体の保有する現金として計上するか否かは、はっきりしていなかった。そこで、今回の統一的な基準では、地方公共団体の保有する現金として正式に貸借対照表に計上される扱いとなった（要領114）。

但し、資金収支計算書のなかでは欄外に歳計外現金の収支を計上することになっており、歳計現金と歳計外現金の収支結果を合算して貸借対照表の現金として計上されることになっている（要領218・219）。

〈仕訳例〉

Ａ市では、地方公共団体職員の給与支払いにおいて住民税500,000円を預かった。

（本年度歳計外現金増減額） －ＣＦ－	500,000	（預　り　金） －ＢＳ－	500,000

Ｂ市では、市営住宅の入居者から敷金として100,000円を預かった。

（本年度歳計外現金増減額） －ＣＦ－	100,000	（預　り　金） －ＢＳ－	100,000

第3節　棚卸資産

1 棚卸資産の範囲（棚卸資産の評価に関する会計基準・3、28、29、30）

棚卸資産は、商品、製品、半製品、原材料、仕掛品等の資産であり、企業がその営業目的を達成するために所有し、かつ、売却を予定する資産の他、売却を予定していない販売活動および一般管理活動において短期間に消費される事務用消耗品等が含まれる。この棚卸資産の範囲は次のとおりである。

(1) 通常の営業過程において販売するために保有する財貨または用役
(2) 販売を目的として現に製造中の財貨または用役
(3) 販売目的の財貨または用役を生産するために短期間に消費されるべき財貨
(4) 販売活動および一般管理活動において短期間に消費されるべき財貨

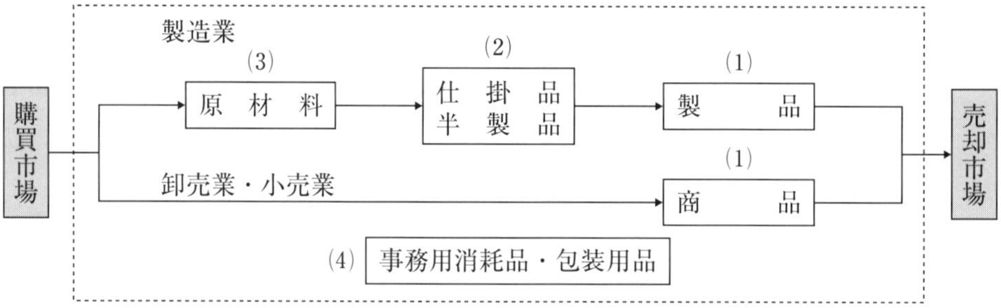

2 棚卸資産の取得原価（連続意見書第四・第一・五）

購入品と生産品の取得原価は次のとおりである。

(1) 購入品の取得原価

購入品の取得原価は、購入代価に引取費用などの付随費用の一部または全部を加算して決定される。購入代価と付随費用を具体的に説明すると次のようになる。

① 購入代価

購入代価は、送状価額から値引額、割戻額などを控除した金額とする。

② 付随費用（副費）

副費には、引取運賃、購入手数料、関税などの外部副費と、購入事務費、保管費などの内部副費がある。

(2) 生産品の取得原価

生産品の取得原価は、適正な原価計算基準に従って算定された正常実際製造原価をもって決定する。

3 公会計における棚卸資産

棚卸資産とは、商品・製品・半製品・仕掛品等をいい、販売用として所有する土地等も含まれる（要領118）。

特に民間会計と異なる点はないが、地方公共団体自体が多岐にわたる業種業態を扱っているため、多様な棚卸資産が想定される。具体的には、個別の事業におけるパンフレット類（量的重要性により計上の有無が判断される）から土地開発公社における販売用土地まで考えられる。

〈仕訳例〉

Ａ市では、ａ事業で作成したパンフレットの販売を行い、300,000円の収入があった。

なお、パンフレットについては、前期末において棚卸資産として200,000円が計上されていた。

（その他の収入（業務）） －ＣＦ－	300,000	（その他（経常収益）） －ＰＬ－	300,000
（その他（その他の業務費用）） －ＰＬ－	200,000	（棚　卸　資　産） －ＢＳ－	200,000

check! 問題集 問題２－１

第4節　未収金、長期延滞債権

未収金とは、通常、決算日から起算して１年以内に回収される債権であり、１年を超えて回収が予定される場合の長期未収金と区別される。公会計の場合は、現年調定現年収入未済の収入等と定義される（要領115）。換言すれば、調定手続きを経たが未だ徴収できていない収入分が未収金となる。地方公共団体においては調定という独自の手続きがあり、これは歳入の発生した権利内容を具体的に確認する自治体の内部的意思決定の行為となる。そして、この手続きを行ったうえで納税義務者に対して納税の通知がなされることになる（地自法231条、地自施154条）。つまりは、調定は債権の確定手続きを意味し、通知が行われる。未収分には、発生の時期により過年度分と現年分に分けられるが、過年度分の未収分については、４月１日に調定手続きが行われ、当年度分については出納整理期間の終了に伴い６月１日に調定手続きが行われることになる。

なお、上記手続きは税金や使用料手数料の徴収だけでなく貸付金の回収も対象となる。貸付金も回収期限が到来するものにつき調定の手続きが行われ、一旦、未収金の計上仕訳が行われる。そして年度中に徴収が行われた際に未収金の取崩がなされることになる。

また、最初に調定の手続きを経た未収金の回収期限が１年超にわたる長期のものについては、長期延滞債権に振り替えられる（民間会計における長期未収金や更生債権に該当する）。

〈仕訳例〉

A市では、固定資産税10,000,000円に関する調定手続きが行われた。

（未　収　金）10,000,000　（税　収　等）10,000,000
－BS－　－NW－

A市では、固定資産税9,000,000円の徴収を完了した。

（税 収 等 収 入） 9,000,000　（未　収　金） 9,000,000
－CF－　－BS－

A市の期末（年度末）処理

仕訳なし

なお、期末一括仕訳では、下記のようになる。

A市では、固定資産税10,000,000円に関する調定手続きが行われた。

仕訳なし

A市では、固定資産税9,000,000円の徴収を完了した。

仕訳なし

A市の期末（年度末）処理

（税 収 等 収 入） 9,000,000　（税　収　等） 9,000,000
－CF－　－NW－

（未　収　金） 1,000,000　（税　収　等） 1,000,000
－BS－　－NW－

check! 問題集　問題２－２

第5節 基　金

公会計における基金とは、地方公共団体が条例に基づき、特定目的のために財産を維持し、資金を積み立てた財産となる（地自法第241条）。会計上は、その内容に伴い流動資産と固定資産に区別して計上される。流動資産に計上される主な基金には、財政調整基金と減債基金のうち流動資産に区分されるものがある（要領117）。ここで財政調整基金とは、地方公共団体が年度によって生じる財源の不均衡を調整するために、財源に余裕がある年度に積み立てておくもので、地方公共団体の貯金ともいえる。また、減債基金は公債の返済のために予め積み立てておく基金となる。

また、基金として積み立てられた資金を原資として有価証券や土地等の不動産を購入する場合があるが、それらは基金の内訳が変わったものであり、基金自体に変更があるわけではないので、特に仕訳が生じない。

〈仕訳例〉

A市では、決算の結果、残った資金30,000,000円につき財政調整基金を積み立てた。

（財政調整基金） －BS－	30,000,000	（基金積立金支出） －CF－	30,000,000

第6節 有価証券・出資金

有価証券は、地方公共団体が保有している債券等をいう（要領105）。

また、出資金は、公有財産として管理されている出資等をいい（要領107）、公有財産とは地方自治法238条に規定された地方公共団体が保有する資産として列挙されたものとなる。

地方公共団体が資本を拠出、ないしは有価証券等を取得する場合、その保有を目的とする場合と資金運用を目的とする場合とに分けられる。保有することを目的とした場合の出資等は原則、公有財産となり、上記のように出資金とした取り扱いとなる。一方、資金運用のために保有され、期末時点でも残存している債券等については有価証券として取り扱われる。

〈仕訳例〉

Ａ市では、Ｘ社に対して1,000,000円を出資した。

（出資金） －ＢＳ－	1,000,000	（投資及び出資金支出） －ＣＦ－	1,000,000

Ｂ市では、資金運用のため国債30,000,000円を購入した。

（有価証券） －ＢＳ－	30,000,000	（投資及び出資金支出） －ＣＦ－	30,000,000

check! 問題集 問題２－３

第7節 繰延資産

貸借対照表の資産の部は、流動資産、固定資産および繰延資産に大別され構成される。ここで繰延資産とは、“すでに対価の支払が完了し又は支払義務が確定し、それに対応する役務の提供を受けたにもかかわらず、その効果が将来にわたって発現するものと期待される費用であり、収益との対応関係から次期以降にわたって繰延経理される資産”である。

民間会計では、旧商法において８つに限定列挙としていたが、会社法では会計慣行に委ねられることになり限定列挙は廃止されたものの、企業会計基準委員会から一定の繰延資産についての取扱が示されている。

公会計においても、統一的な基準の制定前は、一般会計等においては地方債を発行する際に発生した費用等が繰延資産として計上されていたが、統一的な基準の制定に伴い、繰延資産は計上されず発生時に費用として処理されることになった。

ただし、連結対象団体において繰延資産が計上されている場合に関しては、そのまま連結財務書類の上で引き続き、繰延資産として計上されることになるため留意する必要がある。

参　考

繰延資産の種類（企業会計）

１．創立費

創立費とは、会社設立のために要した費用であり、通常、次のものを含む。定款および諸規則の作成費、株式募集費、目論見書・株券等の印刷費、発起人の報酬、設立登記の登録税などである。

創立費は、原則として支出時に費用として処理するが、繰延資産に計上することができる。この場合には、会社成立のときから５年以内のその効果が及ぶ期間にわたって、定額法により償却をしなければならない。

２．開業費

開業費とは、会社成立後、営業開始までに支払われた開業準備のための費用であり、例えば、土地・建物等の賃借料、広告宣伝費、事務用消耗品費などが含まれる。

開業費は、原則として、支出時に費用として処理するが、繰延資産に計上することができる。この場合には、開業のときから５年以内のその効果の及ぶ期間にわたって、定額法により償却しなければならない。

３．株式交付費

株式交付費とは、新株の発行のために直接支出した費用であり、株式募集広告費、金融機関への取扱手数料、株券等の印刷費などをいう。

株式交付費は、原則として、支出時に費用として処理する。ただし、企業規模の拡大のためにする資金調達などの財務活動に係る株式交付費については、繰延資産に計上することができる。この場合には、株式交付のときから３年以内のその効果の及ぶ期間にわたって、定額法により償却しなければならない。

４．開発費

開発費とは、①新技術又は新経営組織の採用、②資源の開発、③市場の開拓などのために特別に支出した費用をいう。

開発費は、原則として、支出時に費用として処理するが、繰延資産に計上することができる。この場合には、支出のとき又は支出した事業年度から５年以内のその効果が及ぶ期間にわたって、定額法その他合理的な方法により規則的に償却しなければならない。

５．社債発行費

社債発行費とは、社債発行のために要した費用であり、例えば、社債募集のための広告費、金融機関への取扱手数料、社債券等の印刷費などが含まれる。

社債発行費は、原則として、支出時に費用として処理するが、繰延資産に計上することができる。この場合には、社債の償還までの期間にわたり利息法により償却しなければならない。ただし、償却方法については、継続適用を条件として、定額法を採用することができる。

第8節 引当金

1 総　論

(1) 意義

引当金とは、将来の資産の減少または債務の発生に備えて、その合理的な見積額のうち当期の負担に属する額を、費用または損失として計上するために設定される貸方科目をいう。

引当金は、適正な期間損益計算のため及び保守的な会計処理を行うために行うものである。

(2) 設定要件（企業会計原則注解18）

① 将来の特定の費用又は損失であること

② その発生が当期以前の事象に起因していること

③ 費用又は損失の発生の可能性が高いこと

④ その金額を合理的に見積ることができること

したがって、発生の可能性の低い偶発事象に係る費用又は損失については、引当金を計上することはできない。

check! 問題集 問題2－4

2 貸倒引当金（企業会計）

⑴ 貸倒引当金

貸倒引当金とは、商品、製品などを販売することによって生じた売掛金、受取手形などの売上債権や貸付金などの残高が期末に存在する場合、次期以降に回収不能になる可能性があり、この貸倒れに備えて設定する引当金をいう。この貸倒引当金は、貸倒損失を販売年度の売上収益で負担するために引当てられる。

⑵ 貸倒引当金の設定対象額

貸倒引当金の設定は、金銭債権（将来において金銭の支払いを受ける権利）が対象となる。金銭債権は、企業の主たる営業活動から生じた営業債権と主たる営業活動以外から生じた営業外債権に分類され、営業債権はさらに、売上債権とその他の営業債権に分類される。

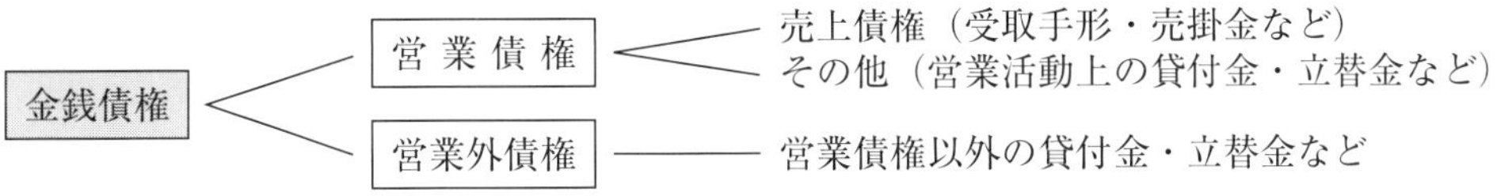

⑶ 貸倒引当金繰入の損益計算書上の表示

貸倒引当金繰入は、当期の全体的な収益を得るのに必要な費用として考えられるため、営業債権（異常なものを除く）は、損益計算書上、**販売費及び一般管理費**に表示する。また、営業外債権（異常なものを除く）は、損益計算書上、**営業外費用**に表示する。

(4) 貸倒れの会計処理

貸倒れにかかる会計処理を説明すると次のようになる。

① 貸倒発生時

(イ) 当期発生債権の貸倒れ

当期に発生した債権が貸倒れになった場合には、通常、**貸倒損失**として損益計算書上、**販売費及び一般管理費**に表示する。

（貸　倒　損　失）　×××　（売　　掛　　金）　×××

(ロ) 前期以前発生債権の貸倒れ

㋑ 貸倒引当金の残高で充当できる場合

この場合には、貸倒引当金を取崩して充当する。

（貸 倒 引 当 金）　×××　（売　　掛　　金）　×××

㋺ 貸倒引当金の残高で充当できない場合

この場合には、その不足額を**貸倒損失**などとして処理する。

（貸 倒 引 当 金）　×××　（売　　掛　　金）　×××
（貸　倒　損　失）　×××

② 貸倒処理済債権の回収時

(イ) 当期貸倒れ処理済債権の回収

㋑ 当期発生債権

この場合には、上記①(イ)の処理が行われているのでその修正を行う。

（現　　　　　金）　×××　（貸　倒　損　失）　×××

㋺ 前期以前発生債権

この場合には、上記①(ロ)の処理が行われているのでその修正を行う。

（現　　　　　金）　×××　（貸 倒 引 当 金）　×××

または

（現　　　　　金）　×××　（貸　倒　損　失）　×××

(ロ) 前期以前貸倒れ処理済債権の回収

この場合には、その回収額を**償却債権取立益**などとして処理する。

（現　　　　　金）　×××　（償却債権取立益）　×××

(5) 貸倒見積高の算定

貸倒見積高の算定にあたっては、債務者の財政状態および経営成績等に応じて、債権を次のように区分する。

① 一般債権

一般債権とは、経営状態に全く問題のない債務者に対する債権や、経営状態に軽微な問題はあるが貸倒れの懸念先には該当しない債務者に対する債権をいう。

② 貸倒懸念債権

貸倒懸念債権とは、債務の弁済がおおむね１年以上延滞している債務者や、弁済期間の延長、弁済の一時棚上げ、元金または利息の一部免除等の大幅な条件緩和を行っている等、経営破綻には至っていないが、債務の弁済に重大な問題が生じている債務者に対する債権をいう。

③ 破産更生債権等

破産更生債権等とは、法的・形式的な経営破綻（破産、清算、会社整理、会社更生、民事再生、手形取引停止処分等）の事実が発生している債務者または経営破綻の事実はないものの、深刻な経営難の状態にあり、再建の見通しがない状態にあると認められる実質経営破綻の債務者に対する債権をいう。

(6) 貸倒見積高の算定方法

① 一般債権

(イ) 算定方法

一般債権については、過去の貸倒実績率等合理的な基準により貸倒見積高を算定する（貸倒実績率法）。

貸倒見積高 ＝ 債権金額 × 貸倒実績率

(ロ) 貸倒実績率の算定

貸倒実績率は、翌期以降における貸倒損失額を各年度末の債権金額で除して算定する。債権の貸倒損失は、債権を計上した後その平均回収期間にわたり発生するものであるため、貸倒実績率を算定する期間は、債権の平均回収期間とするのが一般的である。ただし、当該期間が１年を下回る場合には最低限度として１年となる。

$$\text{貸倒実績率} = \frac{\text{算定期間における貸倒損失額}}{\text{各年度末の債権金額}}$$

【範例2－1】

次の資料に基づいて、(1)貸倒実績率を算定し、(2)貸倒見積高を求めなさい。

（決算年1回　3月31日）

1．X4年度末における売掛金残高（一般債権に該当）　590,000円

2．過去3年間の売掛金期末残高（一般債権に該当）に対する翌年度の貸倒損失の発生割合の平均値により貸倒実績率を算定する。なお、一般債権の平均回収期間は3ヵ月である。

3．各年度末の売掛金期末残高と翌年度における貸倒損失は次のとおりである。
なお、貸倒損失は、販売年度の翌年に発生している。

売掛金期末残高		貸　倒　損　失	
X1年度	560,000円	X2年度	15,680円
X2年度	570,000円	X3年度	16,815円
X3年度	580,000円	X4年度	15,370円

4．売掛金の各年度の期末残高は、翌年度に貸倒れた金額を除き、すべて、翌年度に回収されている。

(1)　貸倒実績率　　2.8%

(2)　貸倒見積高　　16,520円

解　説

貸倒見積高（一般債権：貸倒実績率法）の算定

1．過去3年間の貸倒実績率

(1)　X1年度　$\frac{\text{15,680円（X2年度貸倒損失）}}{\text{560,000円（X1年度末売掛金）}}=0.028\ (2.80\%)$

(2)　X2年度　$\frac{\text{16,815円（X3年度貸倒損失）}}{\text{570,000円（X2年度末売掛金）}}=0.0295\ (2.95\%)$

(3)　X3年度　$\frac{\text{15,370円（X4年度貸倒損失）}}{\text{580,000円（X3年度末売掛金）}}=0.0265\ (2.65\%)$

2．過去3年間の貸倒実績率の平均値

$\frac{2.80\%+2.95\%+2.65\%}{\text{3年}}=2.8\%$

3．貸倒見積高

$\underset{\text{X4年度末売掛金残高}}{\text{590,000円}}\times 2.8\%=\text{16,520円}$

check! 問題集　問題2－5

② **貸倒懸念債権**

貸倒懸念債権については、財務内容評価法またはキャッシュ・フロー見積法により、貸倒見積高を算定する。

(イ) 財務内容評価法

債権額から担保の処分見込額および保証による回収見込額を減額し、その残額について債務者の財政状態および経営成績を考慮して貸倒見積高を算定する。

貸倒見積高 ＝（債権額 － 担保の処分見込額・保証による回収見込額）－ 回収見込額

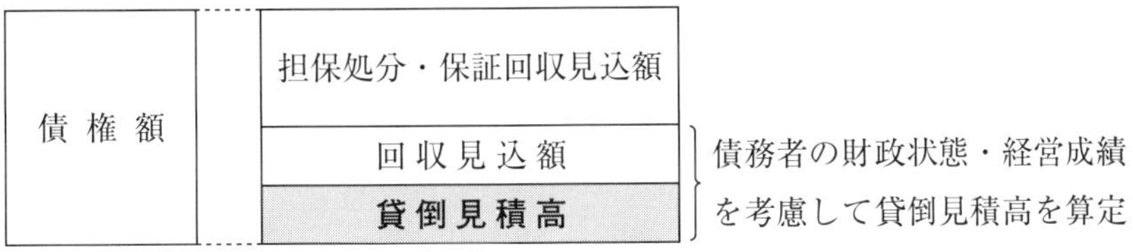

【範例２－２】

次の資料に基づいて、当期末における貸倒懸念債権の貸倒見積高を財務内容評価法により求めなさい。（決算年１回　３月31日）

1．当期末における貸付金残高（貸倒懸念債権に該当）1,000,000円

2．貸付金はＡ社に対するものである。なお、同社より貸付金の担保として土地の提供を受けている。この土地の処分見込額は700,000円であり、Ａ社の支払能力を評価した結果、残額のうち60％は回収が見込まれる。

貸倒見積高　120,000円

解　説

貸倒見積高（貸倒懸念債権：財務内容評価法）の算定

1,000,000円－700,000円－(1,000,000円－700,000円)×60％＝120,000円
貸付金の債権額　処分見込額　回収見込額

(ロ)　キャッシュ・フロー見積法

債権の元本の回収および利息の受取りに係るキャッシュ・フロー(将来キャッシュ・フロー）を合理的に見積ることができる債権については、キャッシュ・フロー見積法にて貸倒見積高を算定する。

債権の元本および利息を元本の回収および利息の受取りが見込まれるときから当期末までの期間にわたり当初の約定利子率（または当初の実効利子率）で割引いた金額の総額と債権の帳簿価額との差額を貸倒見積高とする。

貸倒見積高 = 債権の帳簿価額 − 債権に係る将来キャッシュ・フローの割引現在価値

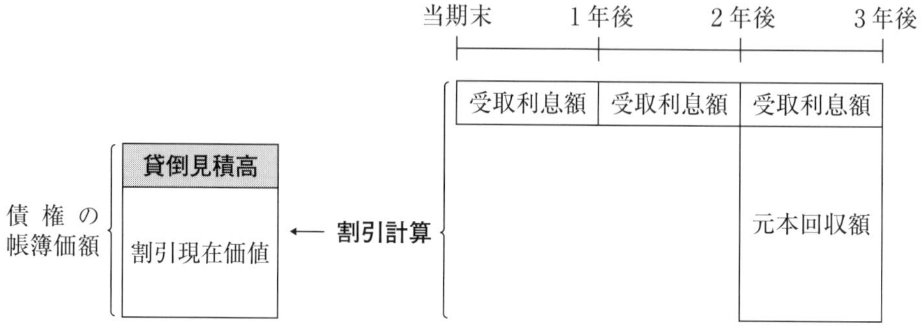

なお、将来キャッシュ・フローは各期末に更新し、貸倒見積高を洗替えなければならない。割引効果の時間の経過による実現分のうち貸倒見積高の減額分は、原則として、受取利息に含めて処理する。ただし、受取利息に含めず貸倒引当金戻入として処理することも認められる。

③　破産更生債権等

破産更生債権等については、債権額から担保の処分見込額、保証による回収見込額を減額し、その残額を貸倒見積高とする財務内容評価法による。

貸倒見積高 ＝ 債権の帳簿価額 － 担保の処分見込額・保証による回収見込額

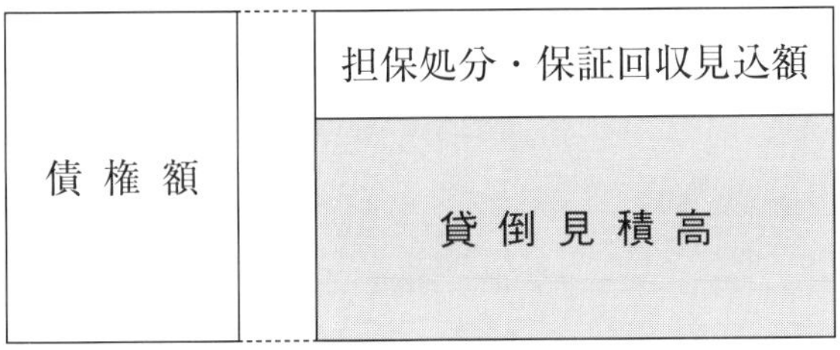

【範例２－３】

次の資料に基づいて、当期末における破産更生債権等の貸倒見積高を求めなさい。

（決算年１回　３月31日）

１．当期末における貸付金残高（破産更生債権等に該当）　1,000,000円

２．貸付金はＢ社に対するものであり、同社より担保として土地の提供を受けており、処分見込額は800,000円である。

貸倒見積高　　200,000円

解　説

貸倒見積高（破産更生債権等：財務内容評価法）の算定

1,000,000円－　800,000円　＝200,000円
貸付金の債権額　担保の処分見込額

3 徴収不能引当金（公会計）

徴収不能引当金とは、企業会計でいう貸倒引当金に相当するものであり、投資その他の資産のうち、債権全体または同種・同類の債権ごとに、債権の状況に応じて求めた過去の徴収不能実績率など合理的な基準により算定する。ただし、徴収不能引当金の算定について、他の方法によることがより適当であると認められる場合には、当該方法により算定することができる。

不納欠損率の算定方法

	不納欠損決定 前年度末債権残高	不納欠損決定額	不納欠損率
４年前	Ａ４	Ｂ４	（Ｂ４＋Ｂ３…＋Ｂ０） ／ （Ａ４＋Ａ３…＋Ａ０）
３年前	Ａ３	Ｂ３	
⋮	⋮	⋮	
当年度	Ａ０	Ｂ０	

徴収不能引当金は、引当対象となる資産の控除項目として貸借対照表の徴収不能引当金に表示する。

4　賞与引当金（企業会計）

従業員賞与引当金は、労働協約などにもとづいて、次期に支払われる予定の従業員賞与のうち、当期の負担に帰属すべき額を見積り計上する場合に設定される引当金である。

【範例2－4】　従業員賞与引当金

次の取引について仕訳を示しなさい。

① 3月31日　決算において、翌期5月末日に支払う予定の従業員賞与60,000千円のうち当期負担分を賞与引当金として計上した。なお、翌期5月末日に支払予定の賞与の計算期間は12月1日から5月31日である。

② 5月31日　従業員賞与60,000千円を現金で支給した。

解　答　（単位：千円）

①

（賞与引当金繰入） 製造原価又は販管費	40,000	（賞　与　引　当　金） 流動負債	40,000

※　$60,000 \times \frac{4ヶ月}{6ヶ月} = 40,000$

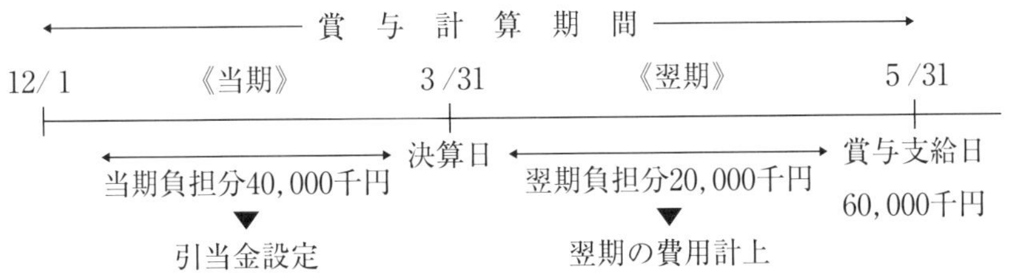

②

（賞　与　引　当　金）	40,000	（現　　　　　金）	60,000
（従　業　員　賞　与）	20,000		

5　賞与等引当金（公会計）

賞与等引当金とは、企業会計でいう賞与引当金に相当するものであり、基準日時点までの期間に対応する期末手当・勤勉手当及び法定福利費を計上する。また、賞与等引当金の計上基準及び算定方法について注記する。

賞与等引当金の貸借対照表計上額は、在籍者に対する６月支給予定の期末手当・勤勉手当総額〈A〉とそれらに係る法定福利費相当額〈B〉を加算した額のうち、

$$\frac{\text{前年度支給対象期間〈X〉（対象期間開始日から３月31日まで）}}{\text{全支給対象期間〈Y〉（６ヶ月）}}$$ の割合を乗じた額を計上する。

$$\therefore \text{賞与等引当金計上額} = (\text{〈A〉} + \text{〈B〉}) \times \frac{\text{〈X〉}}{\text{〈Y〉}}$$

【範例２－５】

当期末におけるＡ市の賞与等引当金の算定資料は、次のとおりである。これに基づき、決算において必要な仕訳を示しなさい。なお、当期はX1年４月１日からX2年３月31日までの１年間である。

〔資料〕

X2年６月支給予定の期末手当・勤勉手当総額及びそれに係る法定福利費相当額　360,000千円

X2年６月支給予定の期末手当等の支給対象期間　X1年12月～X2年５月

解　答　（単位：千円）

（賞与等引当金繰入額） －ＰＬ－	240,000	（賞 与 等 引 当 金） －ＢＳ－	240,000

※　$360,000 \times \frac{\text{４ヶ月（X1年12月～X2年３月）}}{\text{６ヶ月（X1年12月～X2年５月）}} = 240,000$

check! 問題集　問題２－６

6 退職給付引当金（企業会計）

(1) 退職給付

① 意義

退職給付とは、一定の期間にわたって労働を提供したこと等の事由に基づいて、退職以後に従業員に支給される給付をいい、退職一時金および退職年金等がある。

② 退職給付の形態

退職給付には企業が直接給付を行う形態と企業年金制度に基づく形態がある。

(イ) 企業が直接給付を行う形態

企業が自己資金をもって給付するものであり、一般に一時金として給付される。

(ロ) 企業年金制度に基づく形態

厚生年金基金制度などの企業年金制度を利用することにより、厚生年金基金や生命保険会社などが給付するものであり、一般に分割して退職年金として給付される。

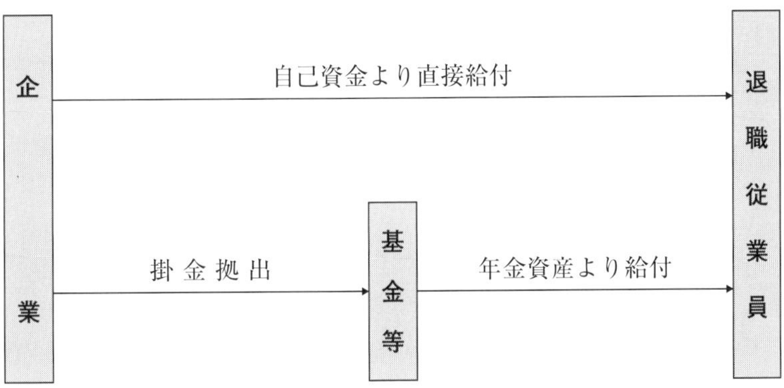

③ 退職給付の性格

退職給付は、基本的に労働協約等に基づいて従業員が提供した労働の対価として退職以後に支払われるものであるため、支出の事実に基づいて費用計上するのではなく、その支出の原因または効果の期間帰属に基づいて費用として計上すべきである。したがって、退職給付については、その発生した期間に費用として認識するとともに企業が負担する退職給付債務を明らかにする必要がある。

参考

退職給付の性格について

退職給付の性格については、従業員が提供した労働の対価として支払われるものであり、基本的に賃金の後払いの性格（賃金後払説）をもっているが、勤続に対する功績報償（功績報償説）および老後の生活保障（生活保障説）という性格もあわせもっているといえる。

(2)　退職給付債務の算定

①　退職給付債務（退職給付に係る会計基準一・１、二・２(1)）

退職給付債務とは、一定の期間にわたり労働を提供したこと等の事由に基づいて、退職以後に従業員に支給される給付（退職給付）のうち認識時点までに発生していると認められるものをいい、次の手順で計算される。

①　退職時に見込まれる退職給付の総額（退職給付見込額）を見積もる。
②　退職給付見込額のうち期末までに発生していると認められる金額を算定する。
③　上記②の金額を予想される退職時から現在までの期間である残存勤務期間に基づき、一定の割引率で現在価値に割引計算する。

したがって、退職給付債務は割引計算により測定されることになる。なお、退職給付見込額のうち当期までに発生したと認められる額は、退職給付見込額を全勤務期間で除した額を各期の発生額とする方法等により算定される。

(3)　勤務費用および利息費用（退職給付に係る会計基準一・３および４）

①　勤務費用

勤務費用とは、一期間の労働の対価として発生したと認められる退職給付をいい、割引計算により測定される。

退職給付は労働の対価として捉えられるため、従業員による毎期の労働の提供に応じて、退職給付見込額のうち期末までに発生していると認められる金額は増加する。

これにより、割引計算により測定される退職給付債務が増加し、この毎期の労働の提供によって生じる退職給付債務が勤務費用となる。

②　利息費用

利息費用とは、割引計算により算定された期首時点における退職給付債務について、期末までの時の経過により発生する計算上の利息をいう。

退職給付債務は前述のとおり、割引計算されるが、割引期間は時の経過により短くなり、退職給付債務の金額は増加する。この増加部分が利息費用となり、期首時点の退職給付債務に退職給付債務計算の割引率を乗ずることにより計算されるが、これを算式で示すと次のようになる。

期首時点における退職給付債務×退職給付債務計算の割引率

なお、勤務費用と利息費用は、一般に、期首の時点で算定される。

【範例2－6】

次の資料に基づいて、X3年度における(1)退職給付債務、(2)勤務費用および(3)利息費用の金額を求めなさい。

1．従業員甲はX2年度の期首に入社し、3年後に退職すると見込まれる。

2．退職時の退職給付見込額は529,200円であり、退職金の毎期の発生額は勤務期間に比例して均等に発生する。

3．割引率は年5％とする。

(1) 退職給付債務　336,000円

(2) 勤務費用　168,000円

(3) 利息費用　8,000円

解　説

各金額の計算等

1．退職給付見込額の毎期割当額　529,200円（退職給付見込額）÷ 3年（勤務期間）＝176,400円

2．X2年度の退職給付債務

(1) X2年度の勤務費用

$$\frac{176,400円}{(1+0.05)^2}=160,000円$$

(2) 退職給付債務　160,000円

3．X3年度の退職給付債務

(1) 期首時点における退職給付債務に対する利息費用

160,000円（前記2.(2)）× 5％＝8,000円

(2) X3年度の勤務費用

$$\frac{176,400円}{(1+0.05)}=168,000円$$

(3) 退職給付債務

160,000円（期首退職給付債務）＋8,000円（利息費用）＋168,000円（勤務費用）＝336,000円

または

$$\frac{176,400円\times 2年}{(1+0.05)}=336,000円$$

参　考

各年度における勤務費用および利息費用の計算

1．X2年度

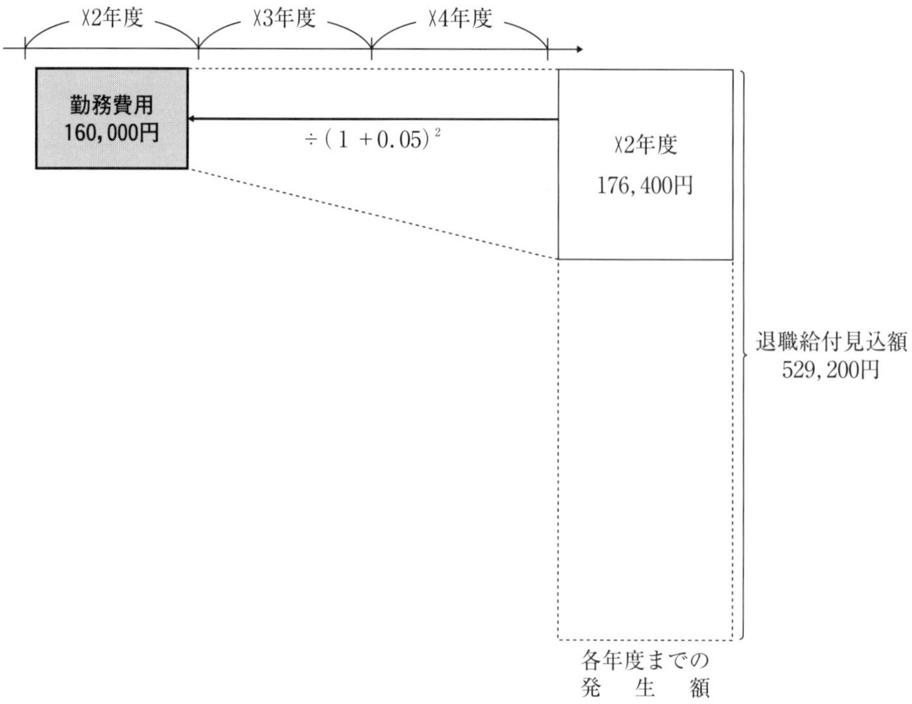

2．X3年度

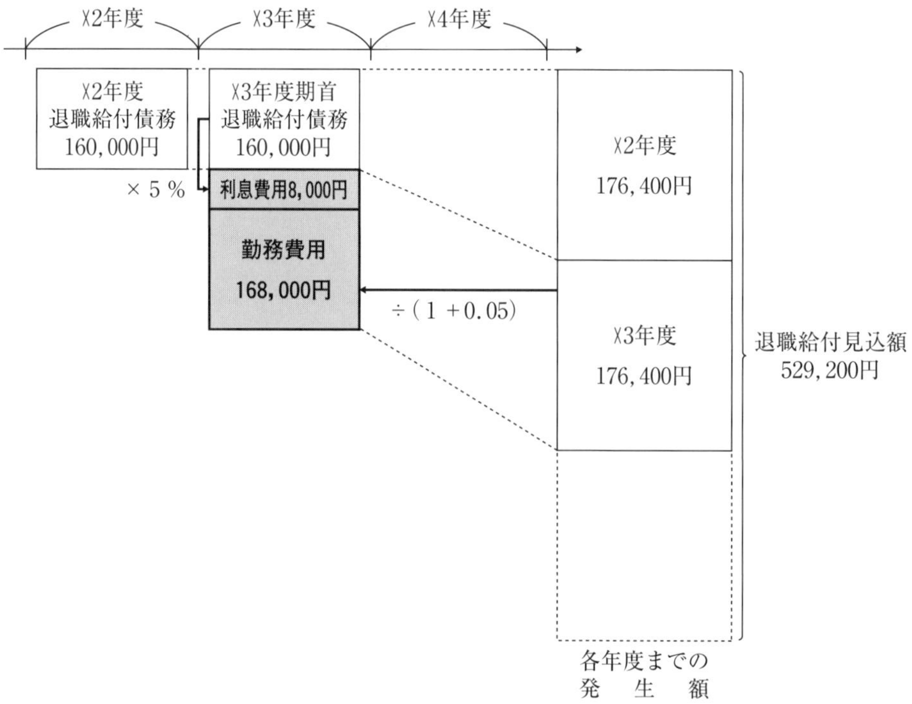

3．X4年度

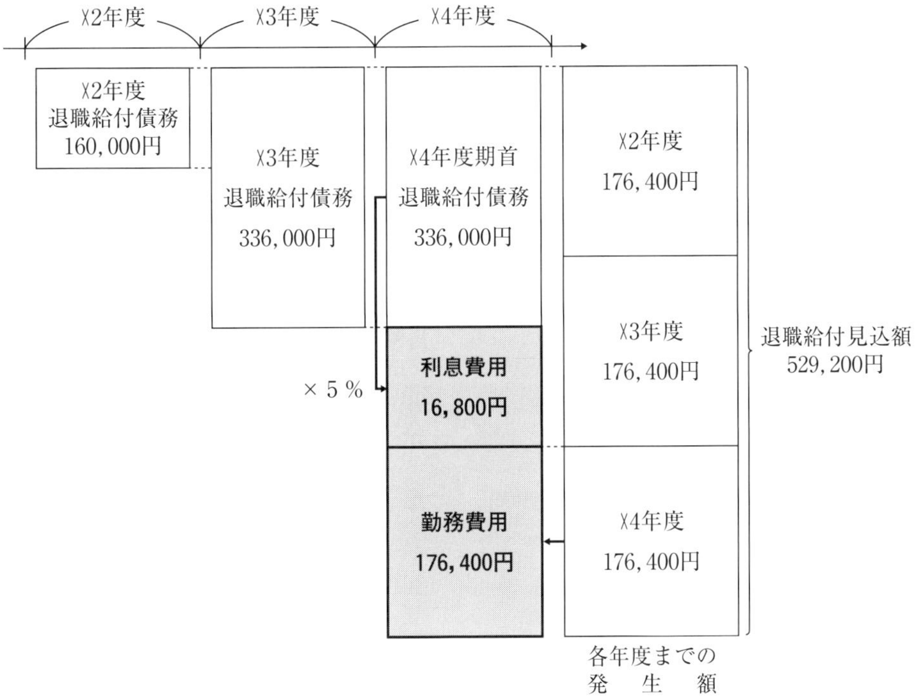
X2年度
X3年度
X4年度
X2年度
退職給付債務
160,000円
X3年度
退職給付債務
336,000円
X4年度期首
退職給付債務
336,000円
×５％
利息費用
16,800円
勤務費用
176,400円
X2年度
176,400円
X3年度
176,400円
X4年度
176,400円
退職給付見込額
529,200円
各年度までの
発　生　額

(4)　退職給付費用および退職給付引当金

退職給付の会計処理は、将来の退職給付のうち当期の負担に属する退職給付費用を計上するとともに退職給付引当金を設定するが、企業年金制度を採用している場合には、退職給付にあてるための外部に積立てられている年金資産が存在するため、以下のとおり処理する。

①　退職給付引当金の計上額

退職給付債務から年金資産の公正な評価額を控除した金額を退職給付引当金として負債計上する。

退職給付引当金は、貸借対照表上、**固定負債**に表示する。

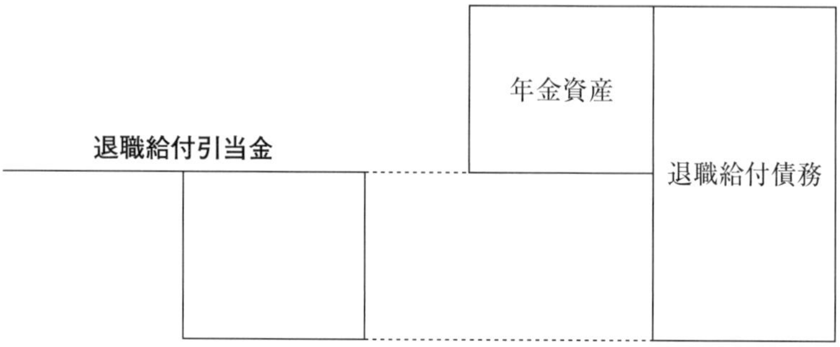

②　退職給付費用の計上

当期の勤務費用および利息費用の合計額から年金資産の期待運用収益相当額を控除した金額を**退職給付費用**（または**退職給付引当金繰入**）として計上する。ただし、企業年金制度を採用していない場合には、勤務費用と利息費用の合計額を退職給付費用として計上する。

退職給付費用は、損益計算書上、**販売費及び一般管理費**に表示する。

（退 職 給 付 費 用）　×××　（退職給付引当金）　×××

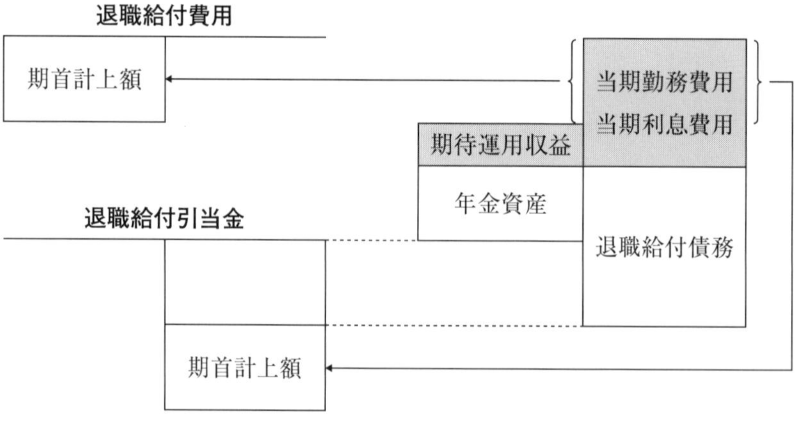

参考

期待運用収益

期待運用収益とは、年金資産の運用により生じると期待される計算上の収益である。

③　**退職給付の支給時**

(イ)　企業からの直接給付の場合

退職給付の支給により、退職給付債務は減少するため、退職給付引当金を減少させる。

（退職給付引当金）　×××　（現　金　預　金）　×××

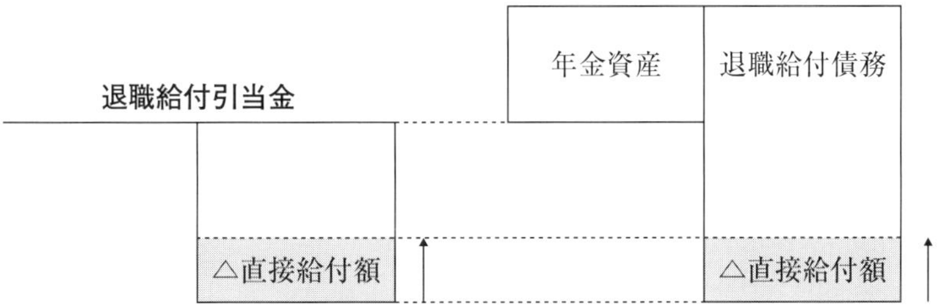

(ロ)　年金基金等からの給付の場合

退職給付債務および年金資産は減少するが、企業からの支給ではないため、仕訳不要となる。

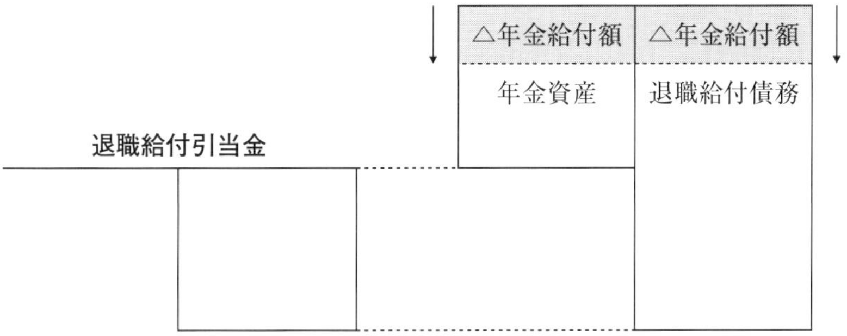

④　**掛金の支払時**

掛金の支払いにより年金資産が増加し、退職給付債務と年金資産の差額は小さくなるため、退職給付引当金の減少として処理する。

（退職給付引当金）　×××　（現　金　預　金）　×××

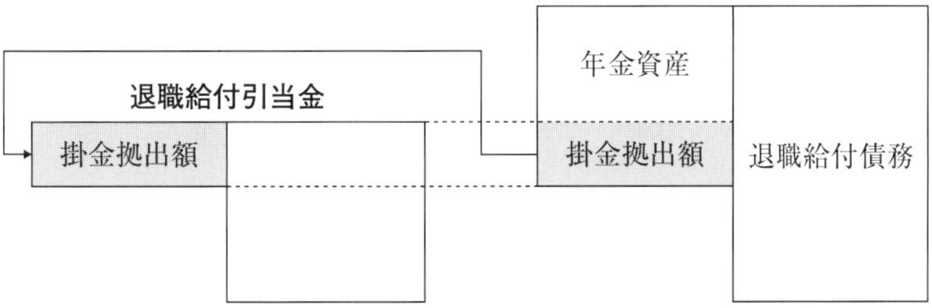

【範例2－7】

次の資料に基づいて、(1)当期の退職給付費用の金額および(2)当期末の退職給付引当金の金額を求めなさい。

1．期首の退職給付債務および年金資産の残高は次のとおりである。

退職給付債務　50,000円　　年金資産　15,000円

2．当期の勤務費用は6,000円、退職給付債務計算の割引率は年5％、年金資産の期待運用収益率は年4％である。

3．当期の従業員への給付額は次のとおりである。

当社からの直接給付　1,500円　　年金基金からの給付　1,000円

なお、当社からの直接給付分は当座預金より支払った。

4．当期の年金基金への拠出額は2,000円であり、当座預金より支払った。

(1)　退職給付費用　7,900円

(2)　退職給付引当金　39,400円

解　説

各金額の計算等

1．当期の退職給付費用

(1)　勤務費用　6,000円

(2)　利息費用　50,000円（期首退職給付債務）×5％（割引率）＝2,500円

(3)　期待運用収益　15,000円（期首年金資産）×4％（期待運用収益率）＝600円

(4)　(1)＋(2)－(3)＝7,900円

2．当期末の退職給付引当金

(1)　期首退職給付引当金　50,000円（期首退職給付債務）－15,000円（期首年金資産）＝35,000円

(2)　期末退職給付引当金

35,000円（期首退職給付引当金）＋7,900円（期首計上額）－1,500円（直接給付額）－2,000円（掛金拠出額）＝39,400円

3．各仕訳

(1)　退職給付費用計上時（期首）

(借方)	退職給付費用	7,900	(貸方)	退職給付引当金	7,900

(2)　退職給付支給時

①　当社からの直接給付分

(借方)	退職給付引当金	1,500	(貸方)	当座預金	1,500

②　年金基金からの給付分

仕　訳　不　要

(3)　掛金拠出時

(借方)	退職給付引当金	2,000	(貸方)	当座預金	2,000

4．各計算

(1) 期首

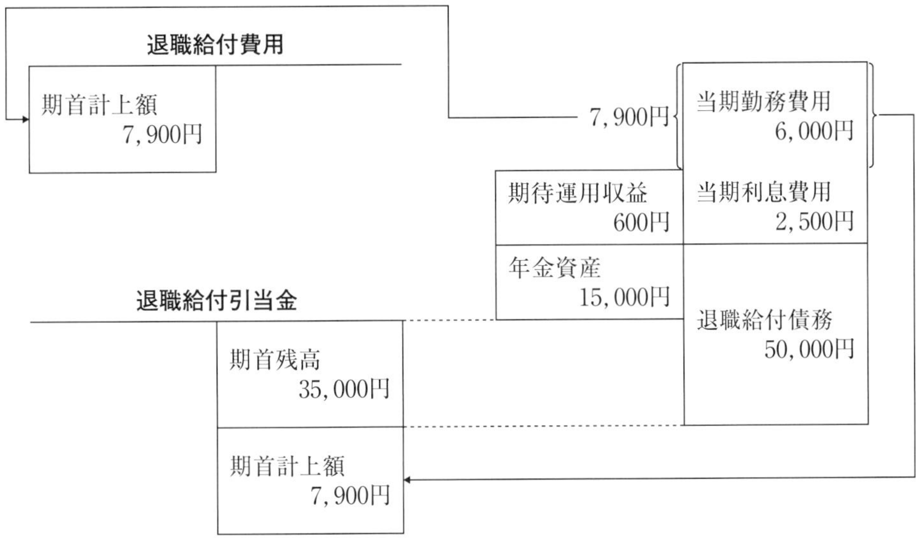
退職給付費用
期首計上額
7,900円
7,900円
当期勤務費用
6,000円
期待運用収益
600円
当期利息費用
2,500円
年金資産
15,000円
退職給付引当金
退職給付債務
50,000円
期首残高
35,000円
期首計上額
7,900円

(2) 期中

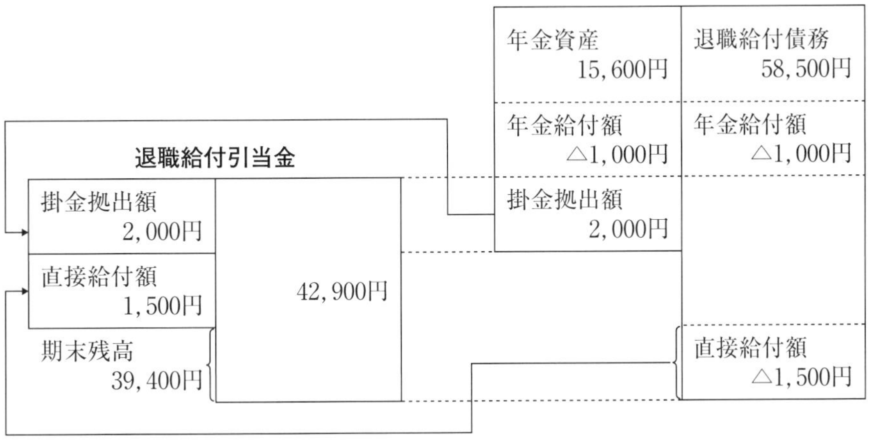
年金資産
15,600円
退職給付債務
58,500円
年金給付額
△1,000円
年金給付額
△1,000円
退職給付引当金
掛金拠出額
2,000円
掛金拠出額
2,000円
直接給付額
1,500円
42,900円
期末残高
39,400円
直接給付額
△1,500円

7　退職手当引当金（公会計）

⑴　内容

退職手当引当金は、退職手当のうち既に労働提供が行われている部分について、期末要支給額方式で算定したものを計上する。また、退職手当引当金の計上基準及び算定方法について注記する。

なお、退職手当引当金について、他の地方公共団体等と一部事務組合を設立し分担金等を負担している場合には、退職手当引当金繰入額は記載しないこととし、移転費用の補助金等において、その分担金等を記載する。

⑵　算定方法

退職手当引当金は、原則として、期末自己都合要支給額により算定することとする。具体的には、一般職に属する職員については以下のＡとＢの合計額とし、特別職に属する職員についてはＣで求めた額として、それらを合算したものを退職手当引当金として計上する。

Ａ）基本額

勤続年数ごとの（職員数×平均給料月額×自己都合退職支給率）を合計したもの

Ｂ）調整額

次のいずれかとする。

ａ）イ及びロに掲げる額を合計した額

イ　勤続年数が25年以上の職員にあっては、該当職員区分の調整月額に50を、当該職員区分の次に低い職員区分の調整月額に10をそれぞれ乗じて得た額の合算額

ロ　勤続年数が10年以上25年未満の職員にあっては、該当職員区分の調整月額に50を、当該職員区分の次に低い職員区分の調整月額に10をそれぞれ乗じて得た額との合算額に２分の１を乗じて得た額

ｂ）Ａで求めた額に次の算式により算定した数値を乗じて得た額

前年度に自己都合退職した者に支給した調整額の合計額を、前年度に自己都合退職した者について、現条例の基本額の算定方法に基づいて算定される額の合計額で除して得た額

Ｃ）特別職に属する職員の退職手当引当金

当該職員全員が当該年度の末日に自己都合退職するものと仮定した場合に支給すべき退職手当の額の合計額

【範例２－８】

以下の資料に基づき、決算において必要な仕訳を示しなさい。

〔資料〕

決算整理前残高試算表　（単位：千円）

	退職手当引当金	1,250,000

Ｂ市では、決算において期末の自己都合による退職給付要支給額を退職手当引当金として設定している。

前期末在職者に係る前期末自己都合要支給額　1,250,000千円

当期末在職者に係る当期末自己都合要支給額　1,400,000千円

解答及び解説　（単位：千円）

（退職手当引当金繰入額）－PL－	150,000	（退職手当引当金）－BS－	150,000

※　1,400,000－1,250,000＝150,000

check! 問題集 問題２－７

8 債務保証損失引当金（企業会計）

債務保証損失引当金とは、他人の債務に対して保証人となり、被保証人の財政状態が悪化し債務の不履行が生じる可能性が高くなった場合、これに備えて設定される引当金をいう。この債務保証損失引当金は、将来確定する損失を、その発生の可能性が高くなった時点の収益で負担しようとする保守安全の考え方によって設定される。

（債務保証損失引当金繰入）　×××　（債務保証損失引当金）　×××

9 損失補償等引当金（公会計）

損失補償等引当金とは、履行すべき額が確定していない損失補償債務等のうち、地方公共団体の財政の健全化に関する法律上、将来負担比率の算定に含めた将来負担額を計上するとともに、同額を臨時損失（損失補償等引当金繰入額）に計上する。なお、前年度末に損失補償等引当金として計上されている金額がある場合には、その差額のみが臨時損失に計上されることとなる。計上する損失補償債務等の額の算定は、地方公共団体の財政の健全化に関する法律施行規則第12条第５号の規定に基づく損失補償債務等に係る一般会計等負担見込額の算定に関する基準によるものとし、地方道路公社及び土地開発公社に関する将来負担額についても、損失補償等引当金に計上する。また、履行すべき額が確定していない損失補償債務等のうち、貸借対照表に計上した額を除く損失補償債務等額については、偶発債務として注記する。なお、議決された債務負担行為額との関係を明確にするため、その総額もあわせて注記する。

損失補償契約に基づき履行すべき額が確定したもの（確定債務）については、貸借対照表に負債（未払金等）として計上するとともに、同額を臨時損失（その他）に計上する。なお、前年度末に負債（未払金等）として計上されている金額がある場合には、その差額のみが臨時損失に計上されることになる。

※　債務負担行為

債務負担行為とは、歳出予算の金額、継続費の総額又は繰越明許費の金額に含まれているものを除き、将来にわたる債務を負担する行為をいう。債務負担行為は、必ずしも次年度以降に限らず現年度であっても、歳出予算等に含まれているもの以外に債務を負担する場合も含まれる。また、債務負担行為として予算で定めた案件については、義務費として歳入歳出予算に計上されることとなる。

〔参考文献：松本英昭　著/新版　逐条地方自治法　第５次改訂版〕

第9節　リース資産

1　リース取引

⑴　意義（リース取引に関する会計基準・４）

リース取引とは、特定の物件の所有者たる貸手（レッサー）が、当該物件の借手（レッシー）に対し、合意された期間（リース期間）にわたりこれを使用収益する権利を与え、借手は、合意された使用料（リース料）を貸手に支払う取引をいう。

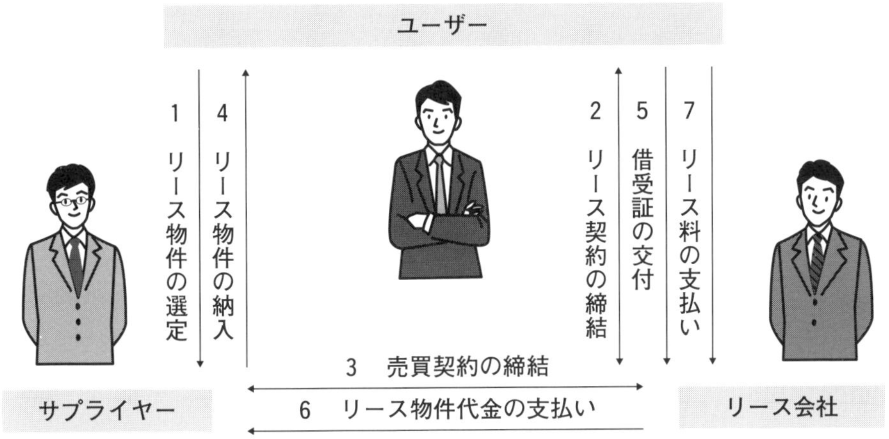

⑵　リース取引の分類

リース取引は、ファイナンス・リース取引とオペレーティング・リース取引の２つに分類される。

①　ファイナンス・リース取引（リース取引に関する会計基準・５、８）

ファイナンス・リース取引とは、次に掲げる２つの要件をいずれも満たすリース取引をいう。

⑴　リース契約に基づくリース期間の中途で当該契約を解除することができないリース取引またはこれに準ずるリース取引であること（解約不能のリース取引）。

⑵　リース物件からもたらされる経済的利益を実質的に借手が享受することができ、かつ、当該リース物件の使用に伴って生じるコストを実質的に借手が負担することとなるリース取引であること（フルペイアウトのリース取引）。

なお、ファイナンス・リース取引は、リース契約上の諸条件に照らして、リース物件の所有権が借手に移転すると認められるもの（所有権移転ファイナンス・リース取引）と、それ以外のリース取引（所有権移転外ファイナンス・リース取引）に分類する。

具体的な判定基準等は後述する。

② **オペレーティング・リース取引（リース取引に関する会計基準・６）**

オペレーティング・リース取引とは、ファイナンス・リース取引以外のリース取引をいう。

2 ファイナンス・リース取引に係る借手の会計処理（企業会計）

ファイナンス・リース取引については、その実態が売買と同様に考えられるため、通常の売買取引に係る方法に準じて会計処理を行う（リース取引に関する会計基準・９）。

(1) リース取引開始時（リース取引に関する会計基準・10、11）

リース物件を**リース資産**として、また、これに見合う金額を**リース債務**として計上する。

（リース資産）	×××	（リース債務）	×××

なお、リース資産およびリース債務の計上額の算定にあたっては、原則として、リース契約締結時に合意されたリース料総額からこれに含まれる利息相当額の合理的な見積額を控除する方法による。

(2) リース料の支払時

リース料総額に含まれる利息相当額については、原則として、リース期間にわたり利息法により配分し、**支払利息**として費用計上する。すなわち、各期の支払リース料を支払利息相当額とリース債務の元本償還額とに区分する。

（リース債務）	×××	（現金預金）	×××
（支払利息）	×××		

(3) 決算時（リース取引に関する会計基準・12）

リース資産の減価償却を行う。

（減価償却費）	×××	（減価償却累計額）	×××

なお、リース資産の減価償却の計算は以下のとおり行う。

① 所有権移転ファイナンス・リース取引

自己所有の固定資産に準じて減価償却の計算を行う。

② 所有権移転外ファイナンス・リース取引

リース期間を耐用年数とし、残存価額を零として減価償却の計算を行う。

【範例２－９】

次の所有権移転ファイナンス・リース取引に関する資料に基づいて、X1年度における借手側の仕訳を行いなさい。なお、計算上生じる端数は円未満四捨五入すること。（決算年１回　３月31日）

1．解約不能のリース期間：５年
2．リース取引開始日：X1年４月１日
3．リース料：年額　24,000円（各年度末に１年分を現金で支払う）
　　　　　　総額 120,000円
4．リース物件（備品）の取得原価相当額：102,000円
5．利率：年5.674％（利息相当額の総額は利息法により各期に配分する）
6．リース物件（備品）の経済的耐用年数：６年
7．借手の減価償却方法：定額法（残存価額は取得原価相当額の10％）

借手側の仕訳

(1)　リース取引開始日（X1年４月１日）

（リース資産）	102,000	（リース債務）	102,000

(2)　リース料支払時（X2年３月31日）

（リース債務）	18,213	（現金）	24,000
（支払利息）	5,787		

(3)　決算時（X2年３月31日）

（減価償却費）	15,300	（減価償却累計額）	15,300

解　説

各金額の計算

1．リース取引開始日
　リース資産の取得原価相当額をリース資産およびリース債務として計上する。
2．第１回リース料支払時　102,000円×5.674％≒5,787円（円未満四捨五入）
　　　　　　　　　　　　期首元本
3．決算時（減価償却費の計算）　102,000円×0.9÷６年＝15,300円

参　考

リース債務の返済スケジュール

本問におけるリース債務の返済スケジュールを示すと次のとおりである（単位：円）。

支払日	期首元本	支払額			期末元本
		元本償還額	利息相当額	合計額	
X2. 3. 31	102,000	18,213	5,787	24,000	83,787
X3. 3. 31	83,787	19,246	4,754	24,000	64,541
X4. 3. 31	64,541	20,338	3,662	24,000	44,203
X5. 3. 31	44,203	21,492	2,508	24,000	22,711
X6. 3. 31	22,711	22,711	1,289	24,000	――
合計	――	102,000	18,000	120,000	――

利息および元本の計算を示すと次のとおりである。

1．X2年3月31日支払分

(1)　支払利息　102,000円×5.674%≒5,787円（円未満四捨五入）
　　期首元本

(2)　元本償還額　24,000円　－5,787円　＝18,213円
　　年間リース料　利息相当額

(3)　期末元本　102,000円－18,213円＝83,787円
　　期首元本　元本償還額

2．X3年3月31日支払分

(1)　支払利息　83,787円×5.674%≒4,754円（円未満四捨五入）
　　期首元本

(2)　元本償還額　24,000円　－4,754円　＝19,246円
　　年間リース料　利息相当額

(3)　期末元本　83,787円－19,246円＝64,541円
　　期首元本　元本償還額

3．X4年3月31日支払分

(1)　支払利息　64,541円×5.674%≒3,662円（円未満四捨五入）
　　期首元本

(2)　元本償還額　24,000円　－3,662円　＝20,338円
　　年間リース料　利息相当額

(3)　期末元本　64,541円－20,338円＝44,203円
　　期首元本　元本償還額

4．X5年3月31日支払分

(1)　支払利息　44,203円×5.674%≒2,508円（円未満四捨五入）
　　期首元本

(2)　元本償還額　24,000円　－2,508円　＝21,492円
　　年間リース料　利息相当額

(3)　期末元本　44,203円－21,492円＝22,711円
　　期首元本　元本償還額

5．X6年3月31日支払分

(1)　支払利息　24,000円－22,711円＝1,289円

最終回の利息であるため、差引により求めている。

(2)　元本償還額　最終回であるため、期首元本22,711円となる。

【範例2－10】

範例2－9の資料に基づいて、当該リース取引が所有権移転外ファイナンス・リース取引に該当するものとした場合の減価償却に関する仕訳を行いなさい。

（減価償却費）　20,400　（減価償却累計額）　20,400

解説

減価償却費の計算

102,000円÷5年＝20,400円

check! 問題集 問題2－8 ～ 問題2－9

(4) リース資産およびリース債務の貸借対照表上の表示

① リース資産（リース取引に関する会計基準・16）

原則として、有形固定資産、無形固定資産の別に、一括してリース資産として表示する。ただし、有形固定資産または無形固定資産に属する各科目に含めることもできる。

② リース債務（リース取引に関する会計基準・17）

貸借対照表日後1年以内に支払いの期限が到来するものは流動負債に表示し、貸借対照表日後1年を超えて支払いの期限が到来するものは固定負債に表示する。

参考

リース資産総額に重要性が乏しいと認められる場合の取扱い

リース資産総額に重要性が乏しいと認められる場合には、次のいずれかの方法を適用することができる。

(1) リース料総額から利息相当額の合理的な見積額を控除しない方法

この場合には、リース資産およびリース債務は、リース料総額で計上され、支払利息は計上されず、減価償却費のみが計上される。

(2) 利息相当額の総額をリース期間中の各期に定額法によって配分する方法

なお、リース料総額に重要性が乏しいと認められる場合とは、未経過リース料の期末残高が当該期末残高、有形固定資産および無形固定資産の期末残高の合計額に占める割合が10％未満である場合とする。

3　オペレーティング・リース取引に係る会計処理（企業会計）

オペレーティング・リース取引については、通常の賃貸借取引に係る方法に準じて会計処理を行う。

【範例２－11】

次のオペレーティング・リース取引に関する資料に基づいて、⑴借手における①リース取引開始時、②第１回リース料支払時の仕訳および⑵貸手における①リース取引開始時、②第１回リース料受取時の仕訳を行いなさい。（決算年１回　３月31日）

１．リース期間：５年

２．リース取引開始日：X1年４月１日

３．リース料：年額24,000円（各年度末に１年分を現金で受払い）

⑴　借手の仕訳

①　リース取引開始日（X1年４月１日）

仕　訳　不　要

②　リース料支払時（X2年３月31日）

（支払リース料）	24,000	（現　　　　金）	24,000

⑵　貸手の仕訳

①　リース取引開始日（X1年４月１日）

仕　訳　不　要

②　リース料受取時（X2年３月31日）

（現　　　　金）	24,000	（受取リース料）	24,000

4 ファイナンス・リース取引の判定基準等（企業会計）

(1) ファイナンス・リース取引の判定

ファイナンス・リース取引は、解約不能のリース取引で、かつ、フルペイアウトのリース取引であるが、具体的には、次のいずれかに該当する場合にファイナンス・リース取引と判定される。

① 現在価値基準

解約不能のリース期間中のリース料総額の割引現在価値が、見積現金購入価額のおおむね90%以上であること

② 経済的耐用年数基準

解約不能のリース期間が、当該リース物件の経済的耐用年数のおおむね75%以上であること

(2) 所有権移転ファイナンス・リース取引と所有権移転外ファイナンス・リース取引の分類

ファイナンス・リース取引と判定されたもののうち、次の①から③のいずれかに該当する場合には、所有権移転ファイナンス・リース取引となり、それ以外は所有権移転外ファイナンス・リース取引となる。

① リース契約上、リース期間終了後またはリース期間の中途で、リース物件の所有権が借手に移転することとされているリース取引（譲渡条件付リース取引）。

② リース契約上、借手に対して、リース期間終了後またはリース期間の中途で割安購入選択権が与えられており、その行使が確実に予想されるリース取引（割安購入選択権付リース取引）。

③ リース物件が、借手の用途等に合わせて特別の仕様により製作または建設されたものであって、当該リース物件の返還後、貸手が再びリースまたは売却することが困難であるため、その使用可能期間を通じて借手によってのみ使用されることが明らかなリース取引（特別仕様物件）。

【範例２－12】

次の資料に基づいて、リース取引を分類しなさい。なお、いずれも解約不能リース取引である。また、計算上生ずる端数は円未満四捨五入すること。

1．リース物件の内訳

リース物件	リース期間	経済的耐用年数	年利率	年間リース料	見積現金購入価額
備品A	5年	6年	3％	50,000円	235,000円
備品B	3年	5年	2％	30,000円	91,000円
備品C	4年	7年	5％	60,000円	373,000円

2．いずれの契約も当期首にリース取引を開始したものであり、リース料は毎期末に1年分を支払う。

3．リース料総額の割引現在価値が見積現金購入価額の90%以上であるか、リース期間が経済的耐用年数の75%以上である場合には、ファイナンス・リース取引と判定する。

4．備品Aは、リース期間終了後において所有権が借手に移転する契約であるが、その他の契約は、所有権が移転しない契約である。

(1) 所有権移転ファイナンス・リース取引	備品A
(2) 所有権移転外ファイナンス・リース取引	備品B
(3) オペレーティング・リース取引	備品C

解　説

ファイナンス・リース取引の判定

1．備品A

(1) リース料総額の割引現在価値

$$\frac{50,000円}{(1+0.03)}+\frac{50,000円}{(1+0.03)^2}+\frac{50,000円}{(1+0.03)^3}+\frac{50,000円}{(1+0.03)^4}+\frac{50,000円}{(1+0.03)^5}≒228,985円$$

（円未満四捨五入）

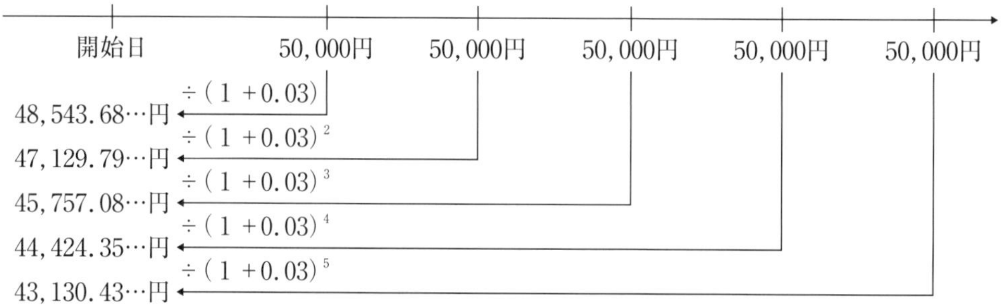

228,985.35…円≒228,985円（円未満四捨五入）

(2) ファイナンス・リース取引の判定

$\frac{228,985円}{235,000円}$(≒97%)≧90%　または　$\frac{5年}{6年}$(≒83%)≧75%

現在価値基準、経済的耐用年数基準ともに満たしており、ファイナンス・リース取引に該当する。また、所有権が移転する契約であるため、所有権移転ファイナンス・リース取引となる。

２．備品Ｂ

(1)　リース料総額の割引現在価値

$$\frac{30,000円}{(1+0.02)}+\frac{30,000円}{(1+0.02)^2}+\frac{30,000円}{(1+0.02)^3}≒86,516円（円未満四捨五入）$$

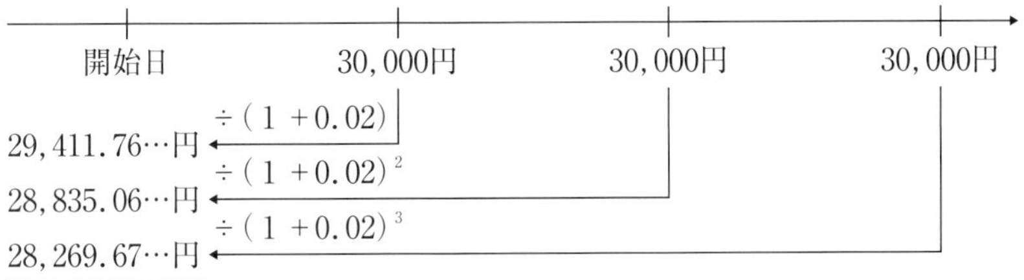

86,516.49…円≒86,516円（円未満四捨五入）

(2)　ファイナンス・リース取引の判定

$\frac{86,516円}{91,000円}$(≒95％)≧90％　または　$\frac{3年}{5年}$(＝60％)＜75％

現在価値基準を満たしているため、ファイナンス・リース取引に該当する。なお、所有権が移転する契約ではないため、所有権移転外ファイナンス・リース取引となる。

３．備品Ｃ

(1)　リース料総額の割引現在価値

$$\frac{60,000円}{(1+0.05)}+\frac{60,000円}{(1+0.05)^2}+\frac{60,000円}{(1+0.05)^3}+\frac{60,000円}{(1+0.05)^4}≒212,757円（円未満四捨五入）$$

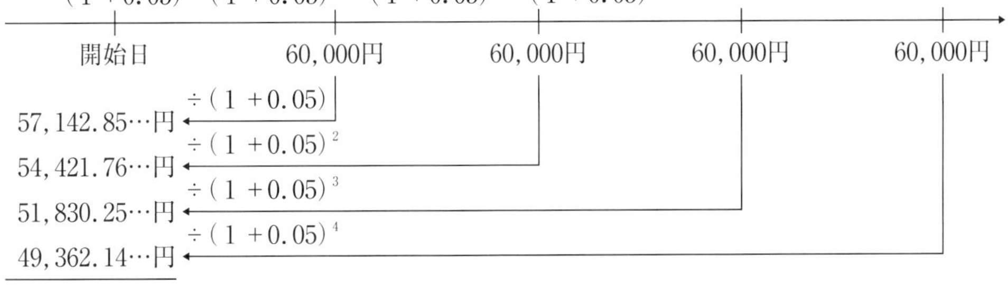

212,757.03…円≒212,757円（円未満四捨五入）

(2)　ファイナンス・リース取引の判定

$\frac{212,757円}{373,000円}$(≒57％)≦90％　または　$\frac{4年}{7年}$(≒57％)≦75％

現在価値基準、経済的耐用年数基準ともに満たさないため、オペレーティング・リース取引となる。

5 リース資産およびリース債務の計上額（借手）

リース資産およびリース債務の計上額の算定にあたっては、原則として、リース契約締結時に合意されたリース料総額からこれに含まれる利息相当額の合理的な見積額を控除する方法によるが、具体的には次のとおり決定する。

(1)　所有権移転ファイナンス・リース取引

①　借手において貸手の購入価額等が明らかな場合は、当該価額による。

②　借手において貸手の購入価額等が明らかでない場合は、リース料総額（割安購入選択権がある場合には、その行使価額を含む）の割引現在価値と見積現金購入価額とのいずれか低い額による。

(2)　所有権移転外ファイナンス・リース取引

①　借手において貸手の購入価額等が明らかな場合は、リース料総額の割引現在価値と貸手の購入価額とのいずれか低い額による。

②　借手において貸手の購入価額等が明らかでない場合は、リース料総額（残価保証がある場合には、残価保証額を含む）の割引現在価値と見積現金購入価額とのいずれか低い額による（基本的に上記(1)②と同様）。

〈リース資産・リース債務の計上額〉

	所有権移転	所有権移転外
貸手の購入価額等が明らかな場合	貸手の購入価額等	①リース料総額の割引現在価値 ②貸手の購入価額等 比較していずれか低い額
貸手の購入価額等が明らかでない場合	①リース料総額の割引現在価値 ②見積現金購入価額 比較していずれか低い額	

なお、借手が割引現在価値算定のために用いる割引率は、貸手の計算利子率を知り得る場合は当該利子率を用い、知り得ない場合は借手の追加借入利子率を用いる。

【範例2－13】

次のファイナンス・リース取引の資料に基づいて、リース資産およびリース債務の計上額を求めなさい。なお、計算上生ずる端数は円未満四捨五入すること。

1．リース物件の内訳

リース物件	リース期間	年間リース料	貸手の計算利子率	貸手の購入価額等
備品A	5年	50,000円	年3％	228,985円
備品B	3年	30,000円	不明	不明

2．いずれの契約も当期首にリース取引を開始したものであり、リース料は毎期末に1年分を支払う。

3．備品Aは所有権移転ファイナンス・リース取引、備品Bは所有権移転外ファイナンス・リース取引に該当する。

4．借手の追加借入利子率は年2％、備品Bの見積現金購入価額は91,000円である。

⑴　備品A　228,985円

⑵　備品B　86,516円

解　説

リース資産およびリース債務の計上額の算定

1．備品A

所有権移転ファイナンス・リース取引であり、貸手の購入価額等が明らかであるため、貸手の購入価額等である228,985円となる。

2．備品B

所有権移転外ファイナンス・リース取引であり、貸手の購入価額等が明らかでないため、リース料総額の割引現在価値と見積現金購入価額とのいずれか低い額となる。

⑴　リース料総額の割引現在価値

$$\frac{30,000円}{(1+0.02)}+\frac{30,000円}{(1+0.02)^2}+\frac{30,000円}{(1+0.02)^3}\fallingdotseq 86,516円$$（円未満四捨五入）

⑵　見積現金購入価額　91,000円

⑶　⑴＜⑵　∴86,516円

リース料総額の割引現在価値が低いため、リース料総額の割引現在価値がリース資産およびリース債務の計上額となる。

参　考

(1)　**維持管理費用相当額等の取扱い**

借手が負担するリース料の中には、通常の場合、リース物件の維持管理に伴う固定資産税、保険料等の諸費用（維持管理費用相当額）が含まれる。現在価値基準の判定にあたり、維持管理費用相当額はリース料総額から控除するのが原則である。しかし、一般的に、契約書等で維持管理費用相当額が明示されない場合が多く、また、当該金額はリース物件の取得価額相当額に比較して重要性が乏しい場合が少なくない。したがって、維持管理費用相当額について、その金額がリース料に占める割合に重要性が乏しい場合には、これをリース料総額から控除しないことができる。

なお、維持管理費用相当額をリース料総額から控除する場合は、リース料総額から維持管理費用相当額の合理的見積額を差引いた額を利息相当額部分と元本返済部分に区分して処理し、維持管理費用相当額は、その内容を示す科目で費用に計上する。

(2)　**少額リース資産および短期のリース取引に関する簡便的な取扱い**

個々のリース資産に重要性が乏しいと認められる場合は、オペレーティング・リース取引の会計処理に準じて、通常の賃貸借取引に係る方法に準じて会計処理を行うことができる。

個々のリース資産に重要性が乏しいと認められる場合とは、リース期間が１年以内のリース取引などが該当する。

6　統一的な基準における規定（公会計）

(1)　**会計処理**

リース資産のうちファイナンス・リース取引については、通常の売買取引に係る方法（固定資産に該当するものは貸借対照表に計上）に準じて会計処理を行い、オペレーティング・リース取引については、通常の賃貸借取引に係る方法（費用として行政コスト計算書に計上）に準じて会計処理を行うこととする。ただし、ファイナンス・リース取引であっても、所有権移転外ファイナンス・リース取引及び重要性の乏しい所有権移転ファイナンス・リース取引については、通常の賃貸借取引に係る方法に準じて会計処理を行うことができる。

ファイナンス・リース取引とは、次のいずれかに該当するものをいう。また、オペレーティング・リース取引とは、ファイナンス・リース取引以外のリース取引をいう。

①　解約不能のリース期間中のリース料総額の現在価値が、当該リース物件の見積現金購入価額の概ね90％以上であること

（リース料総額の現在価値≧見積現金購入価額×90％）

② 解約不能のリース期間が、当該リース物件の経済的耐用年数の概ね75%以上であること

（解約不能のリース期間≧経済的耐用年数×75%）

※ ここで「解約不能」とは、必ずしも契約条件として定められているものだけではなく、例えば途中解約して残りのリース料のほとんどすべてを支払わなければならないような場合も、実質的に解約不能と考えられる。

また、次のいずれかに該当するものが所有権移転ファイナンス・リース取引になると考えられる。

① リース契約上、リース期間終了後またはリース期間の中途で、リース物件の所有権が借り手に移転することとされているリース取引

② リース契約上、借り手に対して、リース期間終了後またはリース期間の中途で、名目的価額またはその行使時点のリース物件の価額に比して著しく有利な価額で買い取る権利が与えられており、その行使が確実に予想されるリース取引

③ リース物件が、借り手の用途等にあわせて特別の仕様により製作または建設されたものであって、当該リース物件の返還後、貸し手が第三者に再びリースまたは売却することが困難であるため、その使用可能期間を通じて借り手によってのみ使用されることが明らかなリース取引

おおまかに言えば、途中で解約できずに借り手が最後まで使用することが想定されているようなものであれば、ファイナンス・リース取引に該当する。また、ファイナンス・リース取引のうち、リース契約上の諸条件に照らしてリース物件の所有権が借り手に移転すると認められるものを所有権移転ファイナンス・リース取引、それ以外の取引を所有権移転外ファイナンス・リース取引となる。

なお、所有権移転外ファイナンス・リース取引及び重要性の乏しい所有権移転ファイナンス・リース取引は、通常の賃貸借取引に係る方法に準じて会計処理を行うことができるとされているが、「重要性の乏しいもの」としては、リース会計基準の少額リース資産及び短期のリース取引の取扱いに準じて、次のいずれかに該当する場合が考えられる。

① 重要性が乏しい償却資産について、購入時に費用処理する方法が採用されている場合で、リース料総額が当該基準以下のリース取引

② リース期間が1年以内のリース取引

③ 当該地方公共団体の活動において重要性の乏しいものでリース契約1件あたりのリース料総額（維持管理費相当額または通常の保守等の役務提供相当額のリース料総額に占める割合が重要な場合には、その合理的見積額を除くことができる）が300万円以下のリース取引

以上をまとめると、以下の図の内容になる。

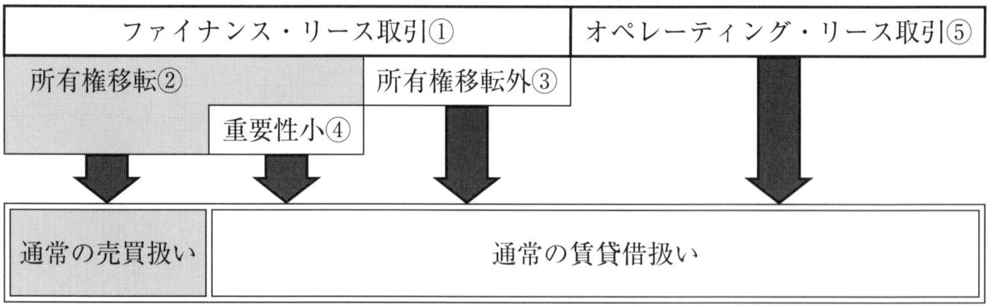

①　途中解約不能&フルペイアウト※（事実上、購入と同じ）

　※　物件から得る全ての利益を得ると共に、物件の全コストを支払う

②　所有権移転or買取権明記or特注品、等

③　②以外

④　本体相当額300万円以下等

⑤　途中解約可&中古市場前提。

　航空機、自動車、工作機械、建設機械、などが代表例

(2)　リース資産の評価方法

リース資産の評価基準については、取得価額（貸し手の購入価額が判明している場合は貸し手の購入価額、不明な場合はリース料総額の割引現在価値と貸し手の見積現金購入価額とのいずれか低い額）とし、所有権移転ファイナンス・リース取引については、自己所有の固定資産と同様の方法により減価償却費等を算定する。

リース資産に該当する資産については、資産全体に占める割合は低いと考えられるが、原則として次のとおり事務処理を行い、その金額等を固定資産台帳に記載する。

まず、リース料の総額（利息相当額を除く）を資産（有形固定資産または無形固定資産）と負債（その他）の双方に計上する。利息相当額は、原則として返済されていないリース債務の残高に一定率を乗じて計算した結果を支払利息相当額とする方法により配分された額を、支払利息として処理する。その後、リース資産は他の有形固定資産や無形固定資産と同様に減価償却計算を行い、リース債務はリース料の支払いに応じて減額していく（所有権移転外ファイナンス・リース取引を資産計上する場合は、最終的に所有しないため、リース期間を耐用年数とし、残存価値をゼロとして定額法により減価償却を行う。）。

以上を踏まえると、リース資産の評価方法は、以下のとおりとなる。

リース資産の評価方法

種類	所有権移転	所有権移転外
取得価額	・貸し手の購入価額が判明している場合 →貸し手の購入価額 ・貸し手の購入価額が不明な場合 →リース料総額の割引現在価値と貸し手の見積現金購入価額とのいずれか低い額	・貸し手の購入価額が判明している場合 →リース料総額の割引現在価値と貸し手の購入価額または見積現金購入価額とのいずれか低い額 ・貸し手の購入価額が不明な場合 →リース料総額の割引現在価値と貸し手の見積現金購入価額とのいずれか低い額
耐用年数	・経済的使用可能予測期間	・リース期間（ただし、再リース期間を含めてファイナンス・リース取引の判定を行った場合は、再リース期間も耐用年数に含める）
減価償却	定額法	

【出典】　総務省公表資料

※　所有権移転外ファイナンス・リース取引及び重要性の乏しい所有権移転ファイナンス・リース取引は、通常の賃貸借取引に係る方法に準じて会計処理を行うことができることとしていることに留意

(3)　長期継続契約及びＰＦＩ等

通常の売買取引の方法に準じた会計処理を行ったリース取引に係るリース債務のうち、地方自治法第234条の３に基づく長期継続契約に係るものは、貸借対照表に計上されたリース債務の金額を注記する。

また、ＰＦＩ等の手法により整備した所有権がない資産についても、原則として所有権移転ファイナンス・リース取引と同様の会計処理を行うものとする。

check! 問題集　問題２－10

第10節　公　債

(1)　総論

公債とは、国や地方公共団体が発行する債券の総称である。国が発行する債券が国債、地方公共団体が発行する債券が地方債であり、株式会社が発行する社債と同様のものである（これらを総称して公社債という。）。

(2)　国債

国債とは、国の発行する債券である。国債の発行は、法律で定められた発行根拠に基づいて行われており、大別すると普通国債と財政投融資特別会計国債（財投債）に区分される。なお、普通国債と財投債は一体として発行されており、金融商品としては全く同じものである。

①　普通国債

普通国債には建設国債、特例国債、年金特例国債、復興債及び借換債があり、普通国債の利払い・償還財源は主として税財源により賄われている。建設国債、特例国債及び年金特例国債は一般会計において発行され、その発行収入金は一般会計の歳入の一部となる。

他方、復興債は東日本大震災特別会計において、借換債は国債整理基金特別会計において発行され、その発行収入金はそれぞれの特別会計の歳入の一部となる。

(1)　建設国債

財政法第４条第１項ただし書に基づき、公共事業、出資金及び貸付金の財源を調達するために発行される。

(2)　特例国債（赤字国債）

建設国債を発行してもなお歳入が不足すると見込まれる場合に、公共事業費等以外の歳出に充てる財源を確保することを目的として、特別の法律に基づき発行される。

(3)　年金特例国債

財政運営に必要な財源の確保を図るための公債の発行の特例に関する法律に基づき、基礎年金の国庫負担の追加に伴い見込まれる費用の財源となる税収が入るまでのつなぎとして、平成24年度及び平成25年度に発行される。

⑷　復興債

東日本大震災からの復興のための施策を実施するために必要な財源の確保に関する特別措置法に基づき、復興のための施策に必要な財源となる税収が入るまでのつなぎとして、平成23年度から平成27年度まで発行される。

⑸　借換債

特別会計に関する法律に基づき、普通国債の償還額の一部を借り換える資金を調達するために発行される。

②　財投債

財投債は、財政融資資金において運用の財源に充てるために発行され、その発行収入金は財政投融資特別会計の歳入の一部となる。ただし、財投債は、その償還や利払いが財政融資資金の貸付回収金により行われているという点で、主として将来の租税を償還財源とする普通国債とは異なるものである。

〈財務省ホームページより〉

⑶　地方債の貸借対照表上の表示（統一的な基準）

地方公共団体が発行した地方債のうち、償還予定が１年超のものは「地方債」として固定負債の部に表示し、１年以内に償還予定のものは「１年内償還予定地方債」として流動負債の部に表示する。

【範例２－14】

以下の資料に基づき、仕訳を示しなさい。なお、増減する現預金部分については、資金収支計算書の科目で仕訳を行うこと。

Ｃ市では、当期10月１日に地方債500,000千円を額面発行した。年利率は1.2％、利払日は毎年３月末及び９月末である（半年分の利息を後払い）。

１．10月１日に行われる仕訳

２．３月31日に行われる仕訳

解答及び解説　（単位：千円）

	借方	金額	貸方	金額
１．	（地方債発行収入）－ＣＦ－	500,000	（地方債）－ＢＳ－	500,000
２．	（支払利息）－ＰＬ－	3,000	（支払利息支出）－ＣＦ－	3,000

※　$500{,}000 \times 1.2\% \times \frac{6ヶ月}{12ヶ月} = 3{,}000$

check! 問題集　問題２－11

第３章　仕訳例

第１節　歳入科目（特定）

歳入科目（特定）とは、各地方公共団体の予算科目によって仕訳を一義的に特定できるもので、現金収入となる科目をいう。主として、基礎編で取り上げていない項目につき、仕訳例を紹介する。

本文中の財務書類例は下記のとおりである。

ＣＦ：資金収支計算書	ＮＷ：純資産変動計算書
ＢＳ：貸借対照表	ＰＬ：行政コスト計算書

それぞれの例題における財務書類は千円単位で記載している。

仕訳で用いる勘定科目名については、P85、P93、P97、P101、P111〜115を参照してほしい。

1　地方譲与税

国税として徴収された税金のうち、地方公共団体（都道府県や市町村等）へ譲与されたものをいう。地方譲与税として、地方揮発油譲与税、石油ガス譲与税、自動車重量譲与税、航空機燃料譲与税、特別とん譲与税、地方法人特別譲与税がある。

例題

Ａ県は、国より地方譲与税として1,000,000円の交付を受けた。

仕訳

（税収等収入） －ＣＦ－	1,000,000	（税　収　等） －ＮＷ－	1,000,000

財務書類の相互関係

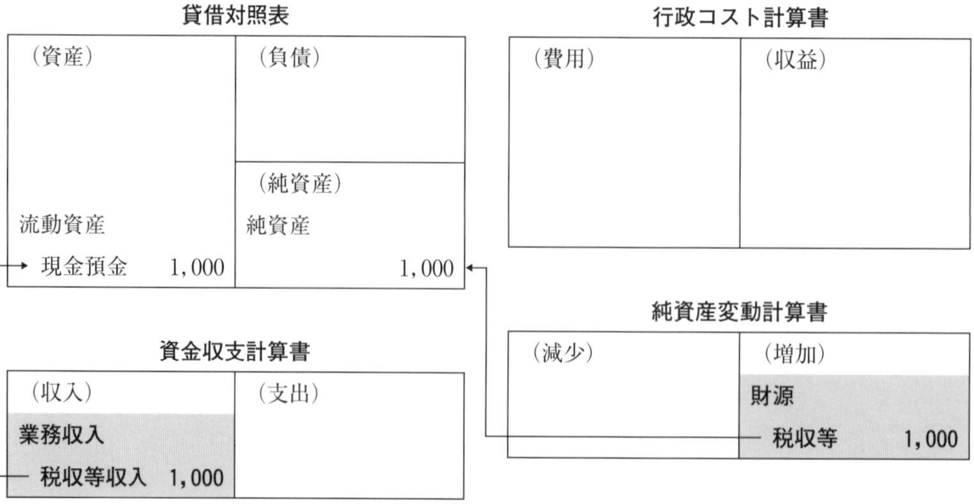

2 税交付金

都道府県が徴収する地方税のうち、市町村に交付されたものをいう。税交付金として、利子割交付金、配当割交付金、株式等譲渡所得割交付金、地方消費税交付金、自動車取得税交付金、市町村たばこ税、都道府県交付金などがある。

例題

Ｂ市は、Ｃ県より税交付金として2,000,000円受け取った。

仕訳

（税収等収入） －CF－	2,000,000	（税　　収　　等） －NW－	2,000,000

財務書類の相互関係

上記１．地方譲与税と同様の関係になるため、省略する。

3 地方特例交付金

恒久的な減税に伴う地方税の減収額の一部を補填するために、地方税の代替的性格を有する財源として、将来の税制の抜本的な見直し等が行われるまでの間、国から地方公共団体へ交付されるものをいう。児童手当、子ども手当の制度拡充や住宅借入金特別控除に伴う減収を補填するためのもの等がある。

例題

Ｄ県は、国より地方特例交付金として3,000,000円受け取った。

仕訳

（税収等収入） －CF－	3,000,000	（税　　収　　等） －NW－	3,000,000

財務書類の相互関係

上記１．地方譲与税と同様の関係になるため、省略する。

4 地方交付税

地方交付税（所得税、法人税、酒税、消費税の一定割合及び地方法人税の全額）とは、地方公共団体間の財源の不均衡を調整し、どの地域に住む国民にも一定の行政サービスを提供できるよう財源を保障するためのもので、地方の固有財源である。地方交付税は、国税として国が代わって徴収し、一定の合理的な基準によって地方公共団体に再配分するものであり、いわば国が地方に代わって徴収する地方税である。

例題

Ｅ県は、国より地方交付税として4,000,000円受け取った。

仕訳

（税収等収入） －CF－	4,000,000	（税　収　等） －NW－	4,000,000

財務書類の相互関係

上記１．地方譲与税と同様の関係になるため、省略する。

5 交通安全対策特別交付金

交通安全対策特別交付金は、道路交通法における交通反則通告制度に基づき納付される反則金収入を原資として、地方公共団体が単独で行う道路交通安全施設整備の経費に充てるための財源として交付するものである。

例題

Ｆ県は、交通安全対策特別交付金として5,000,000円受け取った。

仕訳

（税収等収入） －CF－	5,000,000	（税　収　等） －NW－	5,000,000

財務書類の相互関係

上記１．地方譲与税と同様の関係になるため、省略する。

6 分担金及び負担金

地方公共団体が行う特定の事業によって利益を受ける者からその受益を限度として徴収するもの。保育園の保育料や福祉施設入所負担金などが該当する。

例題

F県は、福祉施設入所負担金として6,000,000円受け取った。

仕訳

(税収等収入) −CF−	6,000,000	(税収等) −NW−	6,000,000

財務書類の相互関係

上記1．地方譲与税と同様の関係になるため、省略する。

7　使用料及び手数料

公共施設の利用や地方公共団体が行うサービスの対価として徴収するもの。体育館の使用料や住民票の交付手数料などが該当する。公共施設等から生じるコストと直接対応させることが可能であるため、税収等とは区別して収益として認識する。

例題

G市は、市役所で住民票等の交付に際し手数料を収受している。今月の手数料収入は7,000,000円であった。

仕訳

（使用料及び手数料収入） －CF－	7,000,000	（使用料及び手数料） －PL－	7,000,000

財務書類の相互関係

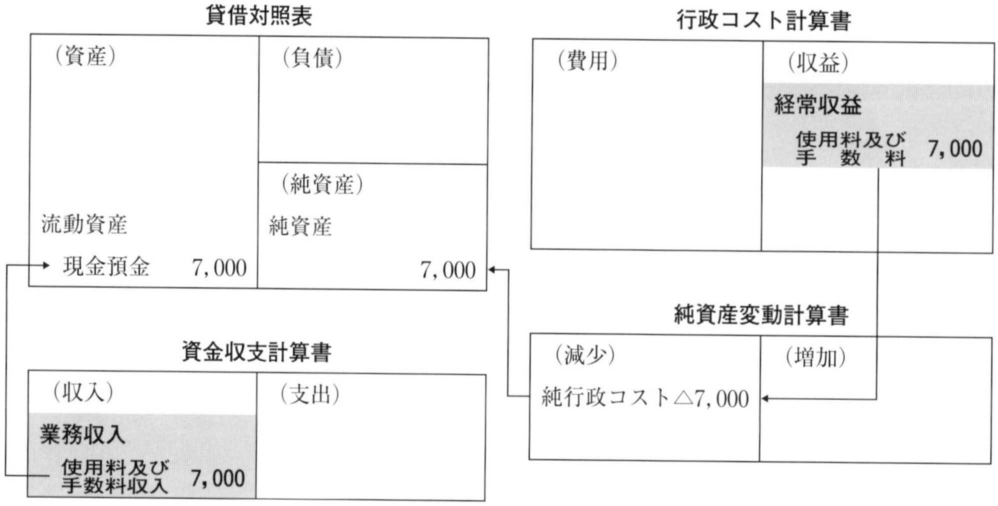

8　繰入金

(1)　特別会計繰入金

一般会計とは、教育や福祉、土木など基本的な行政運営を取り扱う会計であり、特別会計とは公立病院や下水道、国民健康保険など独自の収入がある事業を取り扱う会計である。地方公共団体は複数の会計を保有しており、歳入が不足した場合には、一般会計から特別会計に資金の融通を行う。特別会計繰入金は、一般会計より資金の融通を受けた場合に生じる項目である。

なお、資金の融通を行った側では「繰出金」と呼び、こちらは第４節歳出科目（仕訳複数例）にて取り扱う。

例題

Ｈ県における下水道特別会計では、一般会計より20,000,000円の資金の融通を受けた。

仕訳

（税収等収入） －ＣＦ－	20,000,000	（税収等） －ＮＷ－	20,000,000

財務書類の相互関係

上記１．地方譲与税と同様の関係になるため、省略する。

(2)　基金繰入金

第３節歳入科目（複数仕訳例）にて取り扱う。

(3)　財産区繰入金

財産区とは、主として市町村における合併の円滑化を図るために、財産または公共施設を市町村に帰属させることなく、当該財産または公共施設の管理、処分に関し、特別地方公共団体として法人格を与えられたものをいう。財産区繰入金は、財産区から一般会計へ資金の融通があった場合に生じる項目である。

例題

Ｉ市は住民福祉を増進する目的に充てるため、Ｂ財産区より5,000,000円の資金の融通を受けた。

仕訳

（税収等収入） －ＣＦ－	5,000,000	（税収等） －ＮＷ－	5,000,000

財務書類の相互関係

上記１．地方譲与税と同様の関係になるため、省略する。

9　諸収入

(1)　**受託事業収入**

行政運営の効率化・合理化を図るため、地方公共団体の事務の一部の管理及び執行を、他の地方公共団体に委ねることがある。受託事業収入は、このような事務の委託を受けた地方公共団体において、当該事務の委託にかかる経費を受け取った際に生じる項目である。

(2)　**収益事業収入**

地方公共団体が、その事業に要する経費の一部を賄うため、収益事業を行うことがある。当該収益事業から生じる収入が該当する。地方競馬や競輪、競艇等があげられる。

例題

J県は、受託事業収入および収益事業収入として12,000,000円受け取った。

仕訳

借方	金額	貸方	金額
(その他の収入(業務収入)) －CF－	12,000,000	(その他(経常収益)) －PL－	12,000,000

財務書類の相互関係

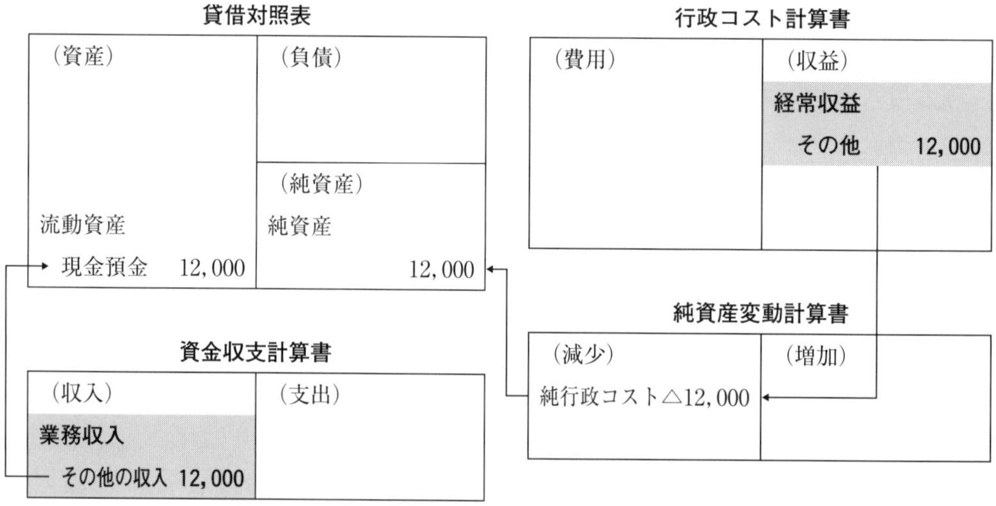

check! 問題集　問題3－1

別表6　資金仕訳変換表

1　本表は、現在までの検討に基づき作成したものであって、今後の実務経験・検討を通じて、拡充改善されるものである。

2　本表の対象は、歳入歳出（現金取引）に関する仕訳に限定している。未収金、未払金、徴収不能引当金、その他非資金取引等に関する仕訳は《別表7　非資金仕訳例》に記載している。

3　予算科目名に「※」印を付したものについては、複数の仕訳が発生するため《別表6－3　歳入科目（仕訳複数例）》及び《別表6－4　歳出科目（仕訳複数例）》を参照されたい。

4　4表で例示

別表6－1　歳入科目（特定）

予算科目名	借方		貸方	
	財書	勘定科目名	財書	勘定科目名
1．都道府県税、市町村税	ＣＦ	税収等収入	ＮＷ	税収等
2．地方消費税精算金	ＣＦ	税収等収入	ＮＷ	税収等
3．地方譲与税	ＣＦ	税収等収入	ＮＷ	税収等
4．税交付金				
利子割交付金	ＣＦ	税収等収入	ＮＷ	税収等
配当割交付金	ＣＦ	税収等収入	ＮＷ	税収等
株式等譲渡所得割交付金	ＣＦ	税収等収入	ＮＷ	税収等
地方消費税交付金	ＣＦ	税収等収入	ＮＷ	税収等
自動車取得税交付金	ＣＦ	税収等収入	ＮＷ	税収等
市町村たばこ税	ＣＦ	税収等収入	ＮＷ	税収等
都道府県交付金	ＣＦ	税収等収入	ＮＷ	税収等
ゴルフ場利用税交付金	ＣＦ	税収等収入	ＮＷ	税収等
軽油引取税交付金	ＣＦ	税収等収入	ＮＷ	税収等
国有提供施設等所在地市町村助成交付金	ＣＦ	税収等収入	ＮＷ	税収等
5．地方特例交付金	ＣＦ	税収等収入	ＮＷ	税収等
6．地方交付税	ＣＦ	税収等収入	ＮＷ	税収等
7．交通安全対策特別交付金	ＣＦ	税収等収入	ＮＷ	税収等
8．分担金及び負担金	ＣＦ	税収等収入	ＮＷ	税収等
9．使用料及び手数料	ＣＦ	使用料及び手数料収入	ＰＬ	使用料及び手数料
10．国庫支出金※				
11．都道府県支出金※				
12．財産収入				
財産貸付収入	ＣＦ	その他の収入（業務収入）	ＰＬ	その他（経常収益）
利子及び配当金	ＣＦ	その他の収入（業務収入）	ＰＬ	その他（経常収益）
財産（不動産・物品）売払収入※				
生産物売払収入※				
13．寄付金	ＣＦ	税収等収入	ＮＷ	税収等
14．繰入金				
特別会計繰入金	ＣＦ	税収等収入	ＮＷ	税収等
基金繰入金※				
財産区繰入金	ＣＦ	税収等収入	ＮＷ	税収等
15．繰越金	【仕訳不要】			
16．諸収入				
延滞金、加算金及び過料等	ＣＦ	その他の収入（業務収入）	ＰＬ	その他（経常収益）
都道府県・市町村預金利子	ＣＦ	その他の収入（業務収入）	ＰＬ	その他（経常収益）
貸付金元利収入※				
受託事業収入	ＣＦ	その他の収入（業務収入）	ＰＬ	その他（経常収益）
収益事業収入	ＣＦ	その他の収入（業務収入）	ＰＬ	その他（経常収益）
利子割精算金収入	ＣＦ	税収等収入	ＮＷ	税収等
借入金	ＣＦ	その他の収入（財務活動収入）	ＢＳ	その他（固定負債）
雑入	ＣＦ	その他の収入（業務収入）	ＰＬ	その他（経常収益）
17．地方債	ＣＦ	地方債発行収入	ＢＳ	地方債
（特別会計に固有の科目）				
国民健康保険料	ＣＦ	税収等収入	ＮＷ	税収等
国民健康保険税	ＣＦ	税収等収入	ＮＷ	税収等
介護保険料	ＣＦ	税収等収入	ＮＷ	税収等
療養給付費等交付金	ＣＦ	税収等収入	ＮＷ	税収等
連合会支出金	ＣＦ	税収等収入	ＮＷ	税収等
共同事業交付金	ＣＦ	税収等収入	ＮＷ	税収等
支払基金交付金	ＣＦ	税収等収入	ＮＷ	税収等
共済掛金及び交付金	ＣＦ	その他の収入（業務収入）	ＰＬ	その他（経常収益）
保険金	ＣＦ	その他の収入（業務収入）	ＰＬ	その他（経常収益）
連合会特別交付金	ＣＦ	その他の収入（業務収入）	ＰＬ	その他（経常収益）
保険金及び診療補填金	ＣＦ	その他の収入（業務収入）	ＰＬ	その他（経常収益）
診療収入	ＣＦ	その他の収入（業務収入）	ＰＬ	その他（経常収益）
賦課金	ＣＦ	その他の収入（業務収入）	ＰＬ	その他（経常収益）

【出典】　総務省公表資料

第2節 歳出科目（特定）

歳出科目（特定）とは、各地方公共団体の予算科目によって仕訳を一義的に特定できるもので、現金支出となる科目をいう。

1 人件費について

人件費については、予算科目上、以下の項目が挙げられている。

「報酬」、「給料」、「職員手当等」、「共済費」、「災害補償費」、「恩給及び退職年金」、「賃金」であり、会計上の勘定科目で示すと以下のとおりとなる。

予算科目名	（借方）勘定科目名	（貸方）勘定科目名
報酬	P/L　その他（人件費）	C/F　人件費支出
給料	P/L　職員給与費	C/F　人件費支出
職員手当等　※1	P/L　職員給与費	C/F　人件費支出
共済費	P/L　職員給与費	C/F　人件費支出
災害補償費	P/L　職員給与費	C/F　人件費支出
恩給及び退職年金	P/L　その他（人件費）	C/F　人件費支出
賃金	P/L　物件費　※2	C/F　物件費等支出

※1　賞与等引当金を充当して支払った部分については、当該引当金を取り崩す

※2　人件費に計上されるものを除く

例題

A市は、市議会議員に報酬50,000,000円、職員に対する給料及び職員手当として110,000,000円、共済費として10,000,000円を支払った。

仕訳

(その他(人件費)) −PL−	50,000,000	(人件費支出) −CF−	50,000,000
(職員給与費) −PL−	120,000,000	(人件費支出) −CF−	120,000,000

財務書類の相互関係

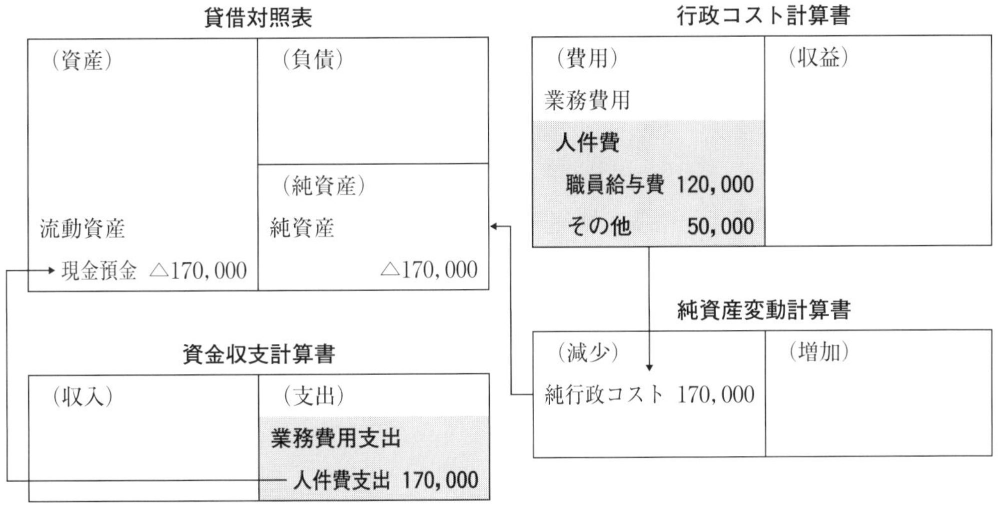

2　需用費

需用費については、予算科目上、以下の項目が挙げられている。

「消耗品費」、「燃料費」、「食糧費」、「印刷製本費」、「光熱水費」、「修繕料」、「賄材料費」、「飼料費」、「医薬材料費」であり、物品（有形財）購入の対価として支出する項目である。

会計上の勘定科目で示すと以下のとおりとなる。

予算科目名	（借方）勘定科目名	（貸方）勘定科目名
消耗品費	P/L　物件費	C/F　物件費等支出
燃料費		
食糧費		
印刷製本費		
光熱水費		
修繕料　※		
賄材料費		
飼料費		
医薬材料費		

※　家屋等の修繕で維持補修費に計上されるものを除く

例題

B市は、消耗品費として3,000,000円、燃料費として5,000,000円、印刷製本費として7,000,000円を支払った。

仕訳

(物　件　費) −PL−	15,000,000	(物件費等支出) −CF−	15,000,000

財務書類の相互関係

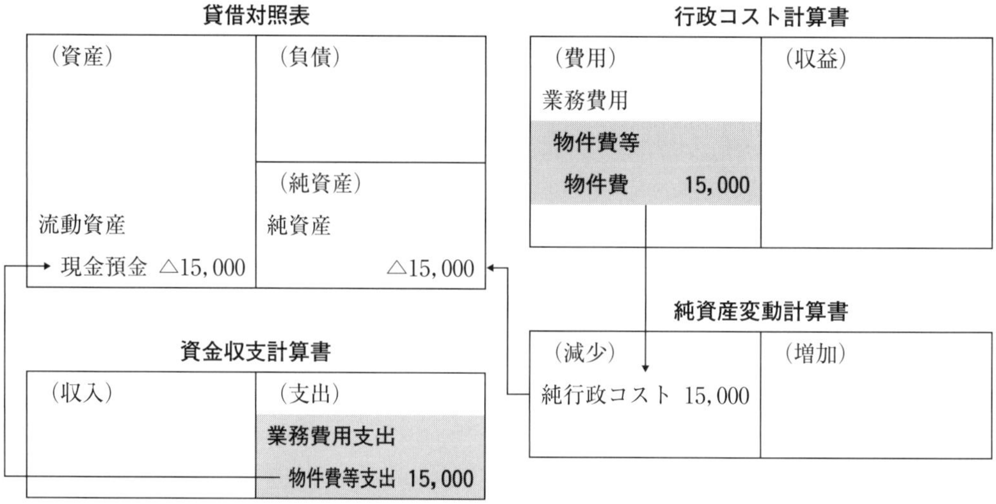

3 役務費

役務費については、予算科目上、以下の項目が挙げられている。

「通信運搬費」、「保管料」、「広告費」、「手数料」、「筆耕翻訳料」、「火災保険料」、「自動車損害保険料」であり、役務（サービス）提供の対価として支出する項目である。

会計上の勘定科目で示すと以下のとおりとなる。

予算科目名	（借方）勘定科目名	（貸方）勘定科目名
通信運搬費	P／L　物件費	C／F　物件費等支出
保管料		
広告費		
手数料		
筆耕翻訳料		
火災保険料・自動車損害保険料	P／L　その他（その他の業務費用）	C／F　その他の支出（業務費用支出）

例題

Ｃ市は、保管料として4,000,000円、火災保険料として3,000,000円、自動車損害保険料として2,000,000円を支払った。

仕訳

（物　件　費）－ＰＬ－	4,000,000	（物件費等支出）－ＣＦ－	4,000,000
（その他（その他の業務費用））－ＰＬ－	5,000,000	（その他の支出（業務費用支出））－ＣＦ－	5,000,000

財務書類の相互関係

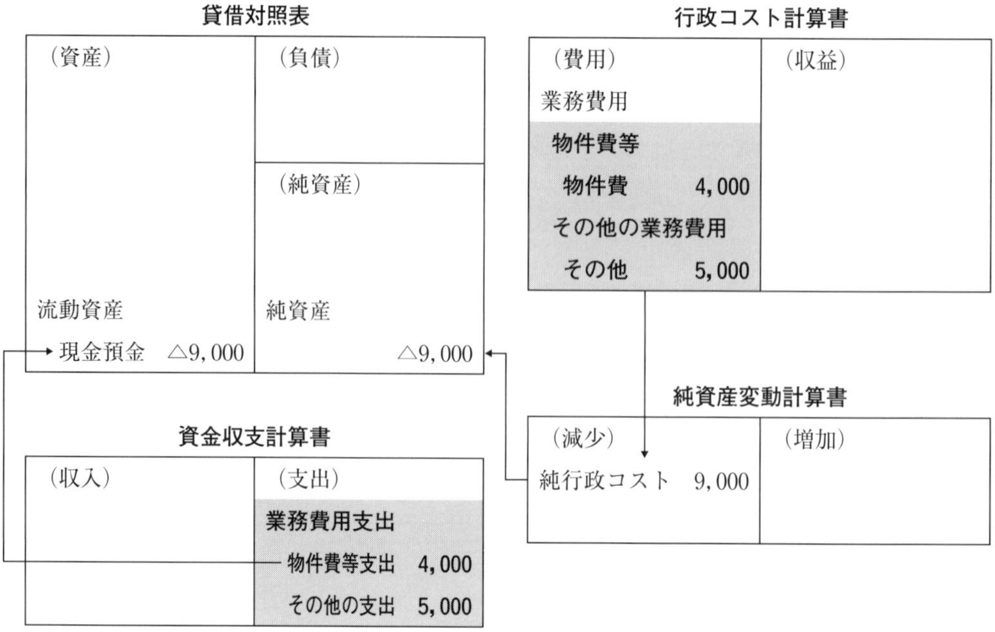
貸借対照表
（資産）
（負債）
（純資産）
流動資産
現金預金　△9,000
純資産
△9,000
行政コスト計算書
（費用）
（収益）
業務費用
物件費等
物件費　4,000
その他の業務費用
その他　5,000
純資産変動計算書
（減少）
（増加）
純行政コスト　9,000
資金収支計算書
（収入）
（支出）
業務費用支出
物件費等支出　4,000
その他の支出　5,000

4　扶助費

生活保護法や身体障害者福祉法等に基づき、地方公共団体から被扶助者に対して直接支給される経費をいう。

例題

Ｄ市は、生活保護法に基づき50,000,000円を支出した。

仕訳

（社会保障給付）50,000,000 －ＰＬ－	（社会保障給付支出）50,000,000 －ＣＦ－

財務書類の相互関係

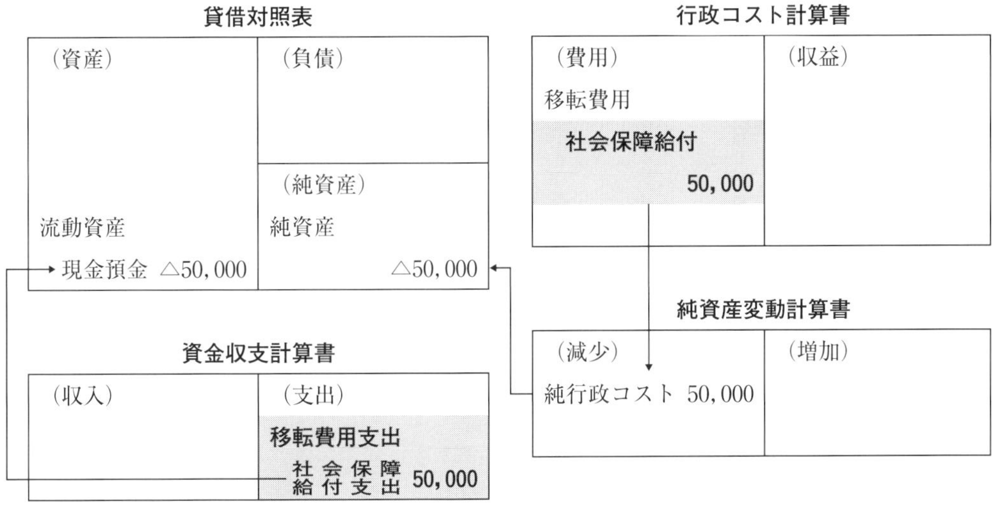

5 補償、補填及び賠償金

補償、補填及び賠償金とは、地方公共団体が行う損失補償、損害賠償に要する経費をいう。

例題

Ｅ市は、損害賠償金として150,000,000円を支出した。

仕訳

(その他(移転費用))150,000,000 －ＰＬ－	(その他の支出(移転費用支出))150,000,000 －ＣＦ－

財務書類の相互関係

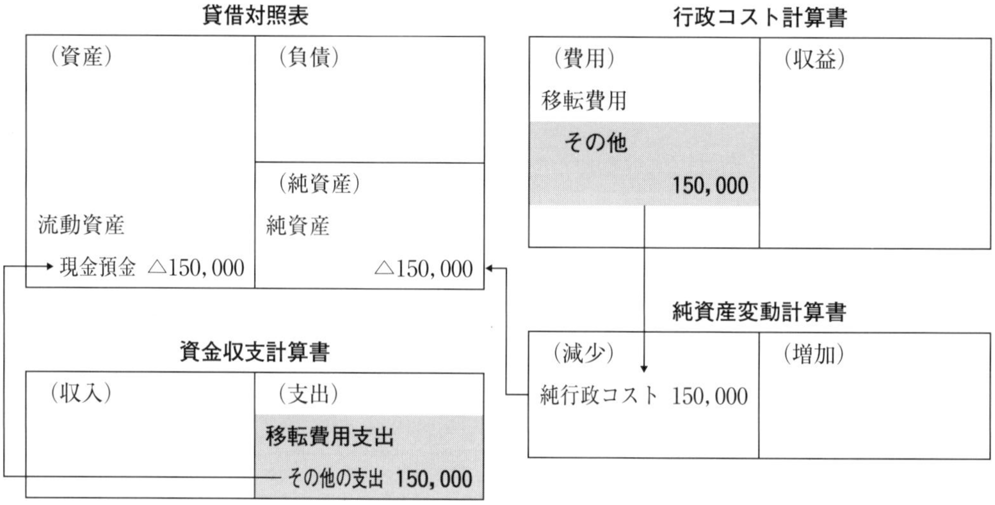

check! 問題集　問題３－２

別表6－2　歳出科目（特定）

予算科目名	借方		貸方	
	財書	勘定科目名	財書	勘定科目名
1．報酬	ＰＬ	その他（人件費）	ＣＦ	人件費支出
2．給料	ＰＬ	職員給与費	ＣＦ	人件費支出
3．職員手当等※				
4．共済費	ＰＬ	職員給与費	ＣＦ	人件費支出
5．災害補償費	ＰＬ	職員給与費	ＣＦ	人件費支出
6．恩給及び退職年金	ＰＬ	その他（人件費）	ＣＦ	人件費支出
7．賃金	ＰＬ	物件費（人件費に計上されるものを除く）	ＣＦ	物件費等支出
8．報償費	ＰＬ	物件費	ＣＦ	物件費等支出
9．旅費	ＰＬ	物件費	ＣＦ	物件費等支出
10．交際費	ＰＬ	物件費	ＣＦ	物件費等支出
11．需用費				
消耗品費	ＰＬ	物件費	ＣＦ	物件費等支出
燃料費	ＰＬ	物件費	ＣＦ	物件費等支出
食糧費	ＰＬ	物件費	ＣＦ	物件費等支出
印刷製本費	ＰＬ	物件費	ＣＦ	物件費等支出
光熱水費	ＰＬ	物件費	ＣＦ	物件費等支出
修繕料※				
賄材料費	ＰＬ	物件費	ＣＦ	物件費等支出
飼料費	ＰＬ	物件費	ＣＦ	物件費等支出
医薬材料費	ＰＬ	物件費	ＣＦ	物件費等支出
12．役務費				
通信運搬費	ＰＬ	物件費	ＣＦ	物件費等支出
保管料	ＰＬ	物件費	ＣＦ	物件費等支出
広告費	ＰＬ	物件費	ＣＦ	物件費等支出
手数料	ＰＬ	物件費	ＣＦ	物件費等支出
筆耕翻訳料	ＰＬ	物件費	ＣＦ	物件費等支出
火災保険料・自動車損害保険料等	ＰＬ	その他（その他の業務費用）	ＣＦ	その他の支出（業務費用支出）
13．委託料※				
14．使用料及び賃借料	ＰＬ	物件費	ＣＦ	物件費等支出
15．工事請負費※				
16．原材料費	ＰＬ	維持補修費（物件費に計上されるものを除く）	ＣＦ	物件費等支出
17．公有財産購入費※				
18．備品購入費※				
19．負担金、補助及び交付金	ＰＬ	補助金等	ＣＦ	補助金等支出
20．扶助費	ＰＬ	社会保障給付	ＣＦ	社会保障給付支出
21．貸付金※				
22．補償、補填及び賠償金※				
23．償還金、利子及び割引料※				
24．投資及び出資金※				
25．積立金※				
26．寄附金	ＰＬ	その他（移転費用）	ＣＦ	その他の支出（移転費用支出）
27．公課費	ＰＬ	その他（移転費用）	ＣＦ	その他の支出（移転費用支出）
28．繰出金※				
29．繰上充用金※				

【出典】　総務省公表資料

第3節　歳入科目（仕訳複数例）

1　財産売払収入（固定資産）

財産売払収入とは、保有する固定資産を売却した場合に生じる項目である。帳簿価額（取得原価から減価償却累計額を控除した金額）と売却価額に差額が生じる場合、その差額は**資産売却益（臨時利益）**または**資産除売却損（臨時損失）**として記帳する。

また、土地を除く償却性資産（減価償却が必要な建物など）については、減価償却累計額勘定の消しこみも必要となる。

なお、単純に固定資産を除却した場合には、当該固定資産の帳簿価額を**資産除売却損（臨時損失）**として記帳する。

例題1

A市は、保有する土地（帳簿価額100,000,000円）を120,000,000円で売却した。

仕訳

（資産売却収入） －CF－	120,000,000	（土　　地） －BS－	100,000,000
		（資産売却益） －PL－	20,000,000

財務書類の相互関係

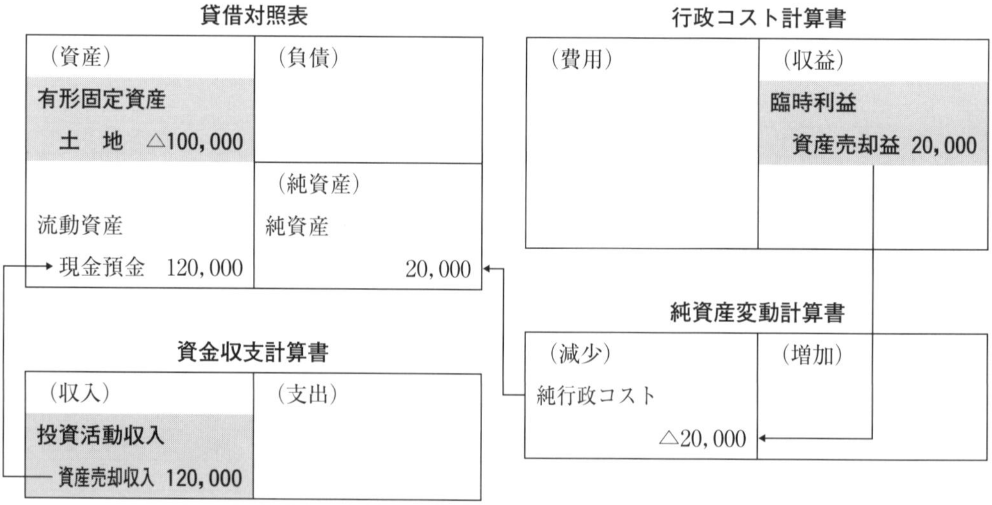

※　なお、上記に加えて、有形固定資産等の増減については、本来であれば純資産変動計算書（固定資産等の変動（内部変動））にも反映される。

具体的には以下のようになる。

固定資産等の変動（内部変動）	固定資産等形成分	余剰分（不足分）
有形固定資産等の減少	△100,000	100,000
	（資産が減少）	（財源が増加）

ただし、この後の例題においては純資産変動計算書への反映については省略する。

例題2

A市は、保有する建物（取得原価50,000,000円、減価償却累計額20,000,000円）を27,000,000円で売却した。

仕訳

（資産売却収入） －CF－	27,000,000	（建物） －BS－	50,000,000
（建物減価償却累計額） －BS－	20,000,000		
（資産除売却損） －PL－	3,000,000		

例題3

A市は、保有する物品（取得原価6,000,000円、減価償却累計額5,500,000円）を除却した。

仕訳

（資産除売却損） －PL－	500,000	（物品） －BS－	6,000,000
（物品減価償却累計額） －BS－	5,500,000		

2　基金繰入金

基金とは、地方公共団体が、特定の目的のために財産を維持し、資金を積み立て、又は定額の資金を運用するために条例によって設定するものである（地方自治法第241条）。基金は、当該条例で定める目的に応じ、確実かつ効率的に運用しなければならない。また、特定の目的のために財産を取得し、又は資金を積み立てるための基金を設けた場合においては、当該目的のためでなければこれを処分することはできない。

基金繰入金は、条例によって特定の目的のための基金が設定された場合において、当該目的を達成するために資金を一般会計等に繰り入れる際に生じる項目である。

基金として、年度間の財源不足に備えるための財政調整基金や、地方債の償還に備えるための減債基金などがある。

※　なお、基金を積み立てた場合は、後述の第4節　歳出科目（複数仕訳例）積立金を参照。

例題

Ｂ市は、条例に基づき設定してあった財政調整基金30,000,000円および減債基金（流動資産）50,000,000円を取り崩した。

仕訳

（基金取崩収入） －CF－	30,000,000	（財政調整基金） －BS－	30,000,000
（基金取崩収入） －CF－	50,000,000	（減債基金） －BS－	50,000,000

財務書類の相互関係

貸借対照表

（資産）	（負債）
流動資産	
財政調整基金　△30,000	（純資産）
減債基金　△50,000	
現金預金　80,000	

行政コスト計算書

（費用）	（収益）

資金収支計算書

（収入）	（支出）
投資活動収入	
基金取崩収入　80,000	

純資産変動計算書

（減少）	（増加）

check! 問題集　問題3－3

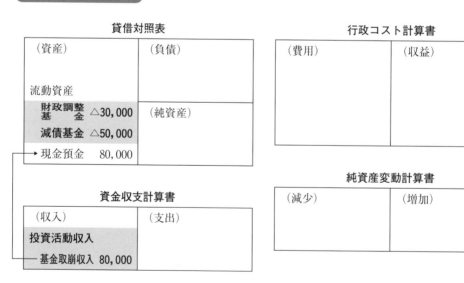

別表6－3　歳入科目（仕訳複数例）

歳入科目だけから勘定科目が特定できないときは、次の例を参考に、取引内容を検討し、科目及び金額を特定して仕訳する。

予算科目・ケース	借方 財書	借方 勘定科目名	貸方 財書	貸方 勘定科目名
国庫支出金	業務活動支出の財源に充当したものか投資活動支出の財源に充当したものかを特定する。			
	ＣＦ	国県等補助金収入（業務収入）	ＮＷ	国県等補助金
	ＣＦ	国県等補助金収入（臨時収入）	ＮＷ	国県等補助金
	ＣＦ	国県等補助金収入（投資活動収入）	ＮＷ	国県等補助金
都道府県支出金	業務活動支出の財源に充当したものか投資活動支出の財源に支出したものかを特定する。			
	ＣＦ	国県等補助金収入（業務収入）	ＮＷ	国県等補助金
	ＣＦ	国県等補助金収入（臨時収入）	ＮＷ	国県等補助金
	ＣＦ	国県等補助金収入（投資活動収入）	ＮＷ	国県等補助金
	国庫補助金などの返納金は、受領した当該年度に返納する場合、一例として次のとおり仕訳処理する。			
（国庫補助金にマイナスを立てる仕訳）	ＮＷ	国県等補助金	ＣＦ	国県等補助金収入（業務又は投資）
財産（不動産・物品）売払収入	1．売却物が台帳記載の固定資産か否かを調査する。 2．売却物が固定資産の場合は、その科目を特定する。 3．資産売却において、簿価に対して売却損益が生じたときは、更に《別表7－1》の仕訳を行う。			
（固定資産）	ＣＦ	資産売却収入	ＢＳ	土地
	ＣＦ	資産売却収入	ＢＳ	建物
	ＣＦ	資産売却収入	ＢＳ	立木竹
	ＣＦ	資産売却収入	ＢＳ	工作物
	ＣＦ	資産売却収入	ＢＳ	船舶
	ＣＦ	資産売却収入	ＢＳ	浮標等
	ＣＦ	資産売却収入	ＢＳ	航空機
	ＣＦ	資産売却収入	ＢＳ	その他（事業用資産・インフラ資産）
	ＣＦ	資産売却収入	ＢＳ	物品
	ＣＦ	資産売却収入	ＢＳ	ソフトウェア
	ＣＦ	資産売却収入	ＢＳ	その他（無形固定資産）
（固定資産以外）	ＣＦ	資産売却収入	ＰＬ	資産売却益（臨時利益）
（有価証券売却収入）	売却において、売却損益が生じたときは、更に《別表7－1》の仕訳を行う。			
	ＣＦ	資産売却収入	ＢＳ	有価証券
基金繰入金	取崩した基金の科目を特定する。			
基金等の取崩しのとき	ＣＦ	基金取崩収入	ＢＳ	財政調整基金
	ＣＦ	基金取崩収入	ＢＳ	減債基金（流動資産・固定資産）
	ＣＦ	基金取崩収入	ＢＳ	その他（基金）
貸付金元利収入	1．長期貸付金と短期貸付金とに分け、更に元本額と利息額を分ける。 2．利息分については、ＰＬの収益として処理。 3．償還金に元金と利息が混在している場合は、当初は総額で仕訳しておき、整理仕訳において、利息額分を収益に振り替えてもよい（《別表7－1》参照）。			
（長期貸付金元本額償還）	ＣＦ	貸付金元金回収収入	ＢＳ	長期貸付金
（短期貸付金元本額償還）	ＣＦ	貸付金元金回収収入	ＢＳ	短期貸付金
（利息額）	ＣＦ	その他の収入（業務収入）	ＰＬ	その他（経常収益）
（償　還　金）	償還された資産の科目を特定する。			
	ＣＦ	その他の収入（投資活動収入）	ＢＳ	出資金
	ＣＦ	貸付金元金回収収入	ＢＳ	その他（投資及び出資金）
	ＣＦ	その他の収入（投資活動収入）	ＢＳ	その他（投資及び出資金）

【出典】 総務省公表資料

第4節　歳出科目（仕訳複数例）

1　投資及び出資金

地方公共団体では、地方公営企業や外郭団体などに出資を行う場合がある。投資及び出資金は、その際に生じる項目であり、その種類ごとに表示科目を設けて計上する。具体的には、「有価証券」、「出資金」、「その他」の表示科目を用いる。

例題

A市は、当期において水道事業会計に70,000,000円の出資を行った。また、資金運用のため国債を30,000,000円で取得した。

仕訳

（出　資　金） －BS－	70,000,000	（投資及び出資金支出） －CF－	70,000,000
（有　価　証　券） －BS－	30,000,000	（投資及び出資金支出） －CF－	30,000,000

財務書類の相互関係

貸借対照表

（資産）	（負債）
固定資産	
有価証券　30,000	
出資金　70,000	
	（純資産）
流動資産	
現金預金　△100,000	

行政コスト計算書

（費用）	（収益）

純資産変動計算書

（減少）	（増加）

資金収支計算書

（収入）	（支出）
	投資活動支出
	投資及び出資金支出　100,000

2　積立金

積立金とは、財政調整基金や減債基金など、条例に基づき、資金を積み立てた場合に生じる項目である。なお、財政調整基金は流動資産に表示し、減債基金は1年基準に基づき、1年以内に取り崩す予定の場合は流動資産に、1年を超えて取り崩す予定の場合は固定資産に表示する。

例題

B市は、条例に基づき、財政調整基金30,000,000円、減債基金（流動資産）50,000,000円および減債基金（固定資産）100,000,000円を積み立てた。

仕訳

（財政調整基金） －BS－	30,000,000	（基金積立金支出） －CF－	30,000,000
（減債基金（流動資産）） －BS－	50,000,000	（基金積立金支出） －CF－	50,000,000
（減債基金（固定資産）） －BS－	100,000,000	（基金積立金支出） －CF－	100,000,000

財務書類の相互関係

貸借対照表

（資産）	（負債）
固定資産	
減債基金　100,000	
流動資産	
財政調整基金　30,000	（純資産）
減債基金　50,000	
現金預金　△180,000	

行政コスト計算書

（費用）	（収益）

資金収支計算書

（収入）	（支出）
	投資活動支出
	基金積立金支出　180,000

純資産変動計算書

（減少）	（増加）

参考

減債基金のうち固定資産になるものと流動資産になるものの区分については、以下のとおり。

〔固定資産〕・繰上償還相当額を減債基金に積み立てるもの
・満期一括償還に備えて毎年一定率ずつ減債基金に積み立てているもの

〔流動資産〕・歳計剰余金処分により積み立てたもの等、特定の地方債との紐付けがないもの

なお、1年以内に償還予定の満期一括償還地方債の償還のために減債基金に積み立てたものについては、当該満期一括償還地方債を流動負債に振り替えるのに合わせて、流動資産に振り替えることも考えられます。

3　繰出金

繰出金とは、他会計に資金を融通した場合に生じる項目である。たとえば、一般会計から地方公営企業（上下水道や病院、交通事業等）の特別会計に、資金を融通する場合などが該当する。

例題

Ｃ市では、下水道特別会計に対して40,000,000円の資金の融通を行った。

仕訳

（他会計への繰出金） －ＰＬ－	40,000,000	（他会計への繰出支出） －ＣＦ－	40,000,000

財務書類の相互関係

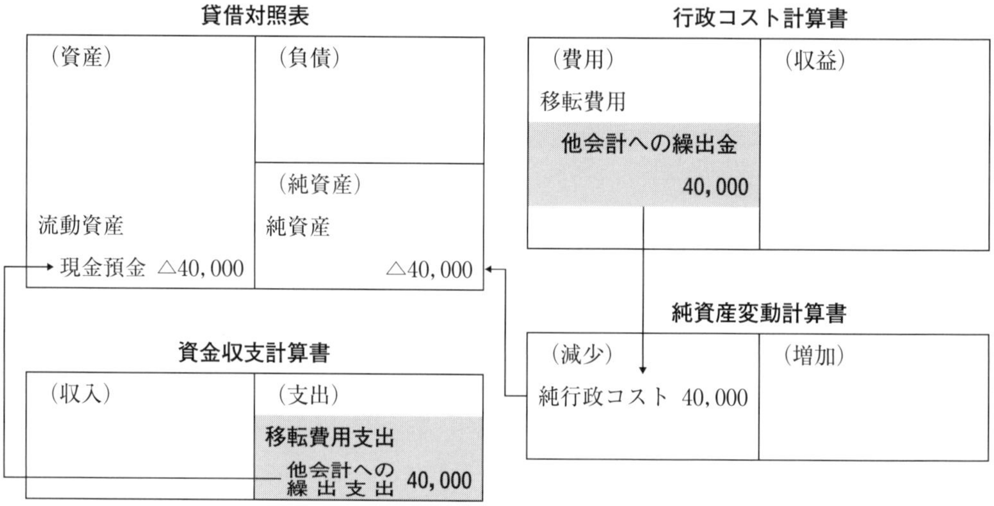

check! 問題集　問題３－４

別表６－４　歳出科目（仕訳複数例）（抄）
歳出科目から勘定科目を特定することができないときは、次の例を参考に、取引内容を検討のうえ、科目及び金額を特定して仕訳を行う。

予算科目・ケース	借方 財書	借方 勘定科目名	貸方 財書	貸方 勘定科目名
職員手当等	賞与等引当金を充当して支払った部分につき、《別表７－１》の仕訳を行う。			
	ＰＬ	職員給与費	ＣＦ	人件費支出
修繕料	１．資産形成支出と費用が混在している可能性があるのでこれを分け、資産については、建物等、科目を特定する。 ２．資産形成につながらない収益的支出は、ＰＬ物件費で処理する。			
（例）建物	ＢＳ	建物	ＣＦ	公共施設等整備費支出
（例）資産形成以外	ＰＬ	維持補修費	ＣＦ	物件費等支出
	ＰＬ	物件費	ＣＦ	物件費等支出
委託料	１．工事の設計委託、ソフトウェアの開発委託等、資産形成支出が混在している可能性があるので、これを抽出し、資産については、建設仮勘定、ソフトウェア等、科目を特定する。 ２．自己資産の形成につながらない支出は経費とし、借方ＰＬとする。			
（例）ソフトウェア開発支出	ＢＳ	ソフトウェア	ＣＦ	公共施設等整備費支出
（例）インフラ資産（建設仮勘定）	ＢＳ	建設仮勘定（インフラ資産）	ＣＦ	公共施設等整備費支出
（例）資産形成以外（事務委託等）	ＰＬ	物件費	ＣＦ	物件費等支出
工事請負費	１．資産形成支出と費用が混在している可能性があるので、これを分け、資産については、建物、建設仮勘定等、科目を特定する。 ２．資産形成につながらない収益的支出は、ＰＬ維持補修費として処理する。			
（例）事業用建物工事	ＢＳ	建物（事業用資産）	ＣＦ	公共施設等整備費支出
（例）インフラ資産（建物）	ＢＳ	建物（インフラ資産）	ＣＦ	公共施設等整備費支出
（例）維持補修支出	ＰＬ	維持補修費	ＣＦ	物件費等支出
公有財産購入費	１．インフラ資産や事業用資産の科目を特定する。 ２．なお、資産算入範囲外の経費支出が混在するときは、そのＰＬ科目を特定する。			
（例）建物	ＢＳ	建物	ＣＦ	公共施設等整備費支出
（例）土地	ＢＳ	土地	ＣＦ	公共施設等整備費支出
資産形成に繋がらない支出	ＰＬ	科目を特定する。例えば物件費。	ＣＦ	物件費等支出
備品購入費	資産形成支出（原則として50万円以上）と、消耗品費支出が混在している可能性があるので、これを分け、資産については科目を特定する。			
（例）物品の購入（50万円以上）	ＢＳ	物品	ＣＦ	公共施設等整備費支出
50万円未満の物の購入	ＰＬ	物件費	ＣＦ	物件費等支出
貸付金	１．長期貸付金と短期貸付金とに分け、更に貸付に要する事務費用があれば、これを別途に抽出する。 ２．短期貸付金については、純資産上は財源区分内部の振替とみなし、あらためて財源仕訳は行わない。 ３．貸付に付随する事務費用はＰＬで処理する。			
長期貸付金	ＢＳ	長期貸付金	ＣＦ	貸付金支出
短期貸付金	ＢＳ	短期貸付金	ＣＦ	貸付金支出
貸付費用	ＰＬ	その他（その他の業務費用）	ＣＦ	その他の支出（業務費用支出）
補償、補填及び賠償金	１．資産形成支出と費用が混在している可能性があるのでこれを分け、資産については、土地等、科目を特定する。 ２．資産形成につながらない収益的支出は、ＰＬその他（移転費用）として処理する。			
（例）建物	ＢＳ	土地	ＣＦ	公共施設等整備支出
（例）土地	ＰＬ	その他（移転費用）	ＣＦ	その他の支出（移転費用支出）
償還金、利子及び割引料	償還金元本については、債務残高が減少する科目を特定し、また、利子・割引料等はＰＬで処理する。			
１年内償還予定地方債元本償還	ＢＳ	１年内償還予定地方債	ＣＦ	地方債償還支出
短期借入金元本償還	ＢＳ	その他（流動負債）	ＣＦ	その他の支出（財務活動支出）
地方債元本償還	ＢＳ	地方債	ＣＦ	地方債償還支出
長期借入金元本償還	ＢＳ	その他（固定負債）	ＣＦ	その他の支出（財務活動支出）
地方債利子支払	ＰＬ	支払利息	ＣＦ	支払利息支出
借入金利子支払	ＰＬ	支払利息	ＣＦ	支払利息支出
過年度分過誤納還付	ＰＬ	その他（その他の業務費用）	ＣＦ	その他の支出（業務費用支出）
投資及び出資金	投資等の科目を特定する。			
有価証券購入	ＢＳ	有価証券	ＣＦ	投資及び出資金支出
出資	ＢＳ	出資金	ＣＦ	投資及び出資金支出
その他の投資	ＢＳ	その他（投資及び出資金）	ＣＦ	投資及び出資金支出
積立金	積立金等の科目を特定する。			
財政調整基金	ＢＳ	財政調整基金	ＣＦ	基金積立金支出
減債基金（長期）	ＢＳ	減債基金（固定資産）	ＣＦ	基金積立金支出
（短期）	ＢＳ	減債基金（流動資産）	ＣＦ	基金積立金支出
その他の基金・積立金	ＢＳ	その他（基金）	ＣＦ	基金積立金支出
繰出金	繰出金が他会計への経常移転である場合と、基金等の積立である場合に分け、後者については、基金を特定する。			
他会計への経常移転支出	ＰＬ	他会計への繰出金	ＣＦ	他会計への繰出支出
繰上充用金	当年度・翌年度に分けて仕訳処理を行う。			
（当年度）	ＣＦ	その他の収入（財務活動収入）	ＢＳ	その他（流動負債）
（翌年度）	ＢＳ	その他（流動負債）	ＣＦ	その他の支出（財務活動支出）

【出典】　総務省公表資料

第5節 非資金仕訳

1 リース資産

リース資産のうち、ファイナンス・リース取引については、通常の売買取引に係る方法に準じて会計処理を行い、オペレーティング・リース取引については、通常の賃貸借取引に係る方法に準じて会計処理を行う。ただし、ファイナンス・リース取引であっても、所有権移転外ファイナンス・リース取引及び重要性の乏しい所有権移転ファイナンス・リース取引は、通常の賃貸借取引に係る方法に準じて会計処理を行うことができる。

例題

Ａ市は、リース会社と契約し、物品のファイナンス・リースをX1年４月１日より開始した。リース契約の概要は以下のとおりである。

１．リース取引開始日：X1年４月１日

２．解約不能のリース期間：５年

３．リース物件の貸手の現金購入価額：10,000,000円

４．リース料の年間支払額：2,200,000円（３月末後払い、１年目における元本返済分は2,000,000円、利息返済分は200,000円である）

５．減価償却方法：定額法（残存価額はゼロ、耐用年数は５年である）

６．リース期間終了後、リース物件の所有権は借手に移転する

仕訳

リース取引開始日、X1年４月１日

（物　　　品） －ＢＳ－	10,000,000	（その他（固定負債）） －ＢＳ－	10,000,000

※　借方科目は勘定科目を特定する。本問では、問題文の指示により物品。

仕訳

リース料支払日、X2年３月31日

（その他（固定負債）） －ＢＳ－	2,000,000	（その他の支出（財務活動支出）） －ＣＦ－	2,000,000
（支　払　利　息） －ＰＬ－	200,000	（支払利息支出） －ＣＦ－	200,000

仕訳

決算日、X2年３月31日

(減　価　償　却　費) −PL−	2,000,000	(物品減価償却累計額) −BS−	2,000,000

※　減価償却費の計算：(取得原価10,000,000−残存価額０)÷耐用年数５年＝2,000,000

財務書類の相互関係

貸借対照表

(資産)		(負債)	
有形固定資産		固定負債	
物　品	10,000	その他	8,000
物品減価償却累計額		(純資産)	
	△2,000		
流動資産		純資産	△2,200
現金預金	△2,200		

行政コスト計算書

(費用)		(収益)
業務費用		
物件費等		
減価償却費	2,000	
その他の業務費用		
支払利息	200	

純資産変動計算書

(減少)		(増加)
純行政コスト	2,200	

資金収支計算書

(収入)	(支出)	
	業務費用支出	
	支払利息支出	200
	財務活動支出	
	その他の支出	2,000

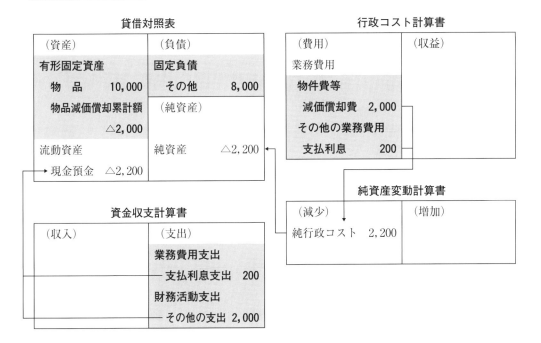

なお、リース料支払額を一時的に物件費として会計処理することもできるが、この場合、決算において修正を行う必要がある。参考として、仕訳を以下に示す。

仕訳

リース取引開始日、X1年4月1日

(物品) −BS−	10,000,000	(その他(固定負債)) −BS−	10,000,000

仕訳

リース料支払日、X2年3月31日

(物件費) −PL−	2,200,000	(物件費等支出) −CF−	2,200,000

仕訳

決算日修正仕訳、X2年3月31日

(その他(固定負債)) −BS−	2,000,000	(物件費) −PL−	2,200,000
(支払利息) −PL−	200,000		
(物件費等支出) −CF−	2,200,000	(その他の支出(財務活動支出)) −CF−	2,000,000
		(支払利息支出) −CF−	200,000

※　上記の仕訳により、物件費、物件費等支出は相殺消去され、適切に修正される。

仕訳

決算日、X2年3月31日

(減価償却費) −PL−	2,000,000	(物品減価償却累計額) −BS−	2,000,000

2　満期保有目的有価証券等の強制評価減

満期保有目的有価証券は、満期まで所有する意図をもって保有している債券をいう。満期保有目的有価証券の貸借対照表価額の測定は、償却原価法によって算定された価額を用いる。ただし、満期保有目的有価証券で市場価格があるものについて、市場価格が著しく下落した場合には、回復する見込みがあると認められるときを除き、市場価格をもって貸借対照表価額とする。なお、債券の市場価格の下落率が30％以上である場合には、「著しく下落した場合」に該当するものとする。この強制評価減に係る評価差額については、行政コスト計算書の臨時損失（その他）として計上する。

また、満期保有目的以外の有価証券や出資金についても、上記同様、条件を満たす場合には強制評価減を実施することになる。

例題

Ａ市では、満期まで所有する意図をもってＢ債券を保有している（償却原価：30,000,000円）。決算にあたり、市場価格を調査したところ、Ｂ債券の市場価格は12,000,000円であった。また、回復する可能性は不明である。このため、強制評価減を実施する。

仕訳

（その他（臨時損失）） －ＰＬ－	18,000,000	（有　価　証　券） －ＢＳ－	18,000,000

※　30,000,000－12,000,000＝18,000,000

財務書類の相互関係

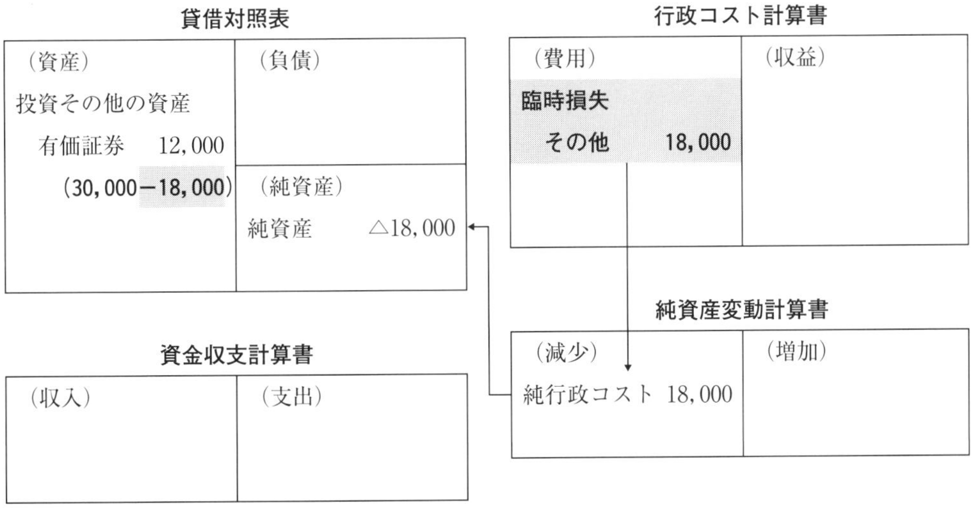

3　満期保有目的以外の有価証券の評価

満期保有目的以外の有価証券のうち、市場価格のあるものについては、基準日時点における市場価格をもって貸借対照表価額とし、この市場価格での評価替えに係る評価差額については、洗替方式により、純資産変動計算書の資産評価差額として計上する。

出資金についても、上記と同様の会計処理を行う。すなわち、出資金のうち、市場価格があるものについては、基準日時点における市場価格をもって貸借対照表価額とし、この市場価格での評価替えに係る評価差額については、洗替方式により、純資産変動計算書の資産評価差額として計上する。

例題

Ｂ市では、期末現在Ｃ債券を保有している。当該債券は、満期まで所有する意図はない。Ｃ債券は当期において50,000,000円で取得したものであった。決算にあたり、市場価格を調査したところ、Ｃ債券の市場価格は53,000,000円であった。

仕訳

（有価証券） －ＢＳ－	3,000,000	（資産評価差額） －ＮＷ－	3,000,000

※　53,000,000－50,000,000＝3,000,000

財務書類の相互関係

貸借対照表

（資産）	（負債）
投資その他の資産 有価証券　53,000 (50,000＋3,000)	（純資産） 純資産　3,000

行政コスト計算書

（費用）	（収益）

純資産変動計算書

（減少）	（増加）
	資産評価差額　3,000

資金収支計算書

（収入）	（支出）

なお、仮に、決算においてＣ債券の市場価格が46,000,000円であった場合には、下記の仕訳となる。

仕訳

（資産評価差額） －ＮＷ－	4,000,000	（有価証券） －ＢＳ－	4,000,000

※　46,000,000－50,000,000＝△4,000,000

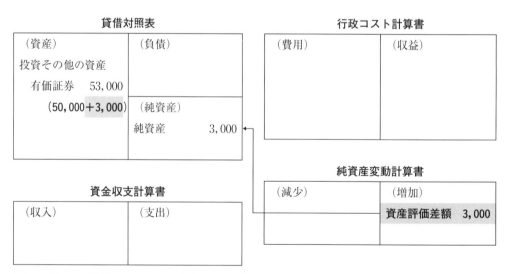

4　投資損失引当金

市場価格のない投資及び出資金のうち、連結対象団体及び会計に対するものについて、実質価額が著しく低下した場合は、実質価額と取得原価との差額を両者の差額が生じた会計年度に臨時損失（投資損失引当金繰入額）として計上するとともに、貸借対照表の投資損失引当金に計上する。なお、実質価額が30％以上低下した場合には、著しく低下したものとみなす。

例題

Ｄ市では、期末現在、連結対象団体であるＥ法人についての出資金70,000,000円を計上している。決算にあたり、Ｅ法人の財政状態を調査したところ、当該出資金の実質価額は20,000,000円であることが判明した。なお、Ｅ法人の出資金には市場価格は存在しない。

仕訳

（投資損失引当金繰入額） －ＰＬ－	50,000,000	（投資損失引当金） －ＢＳ－	50,000,000

※　70,000,000－20,000,000＝50,000,000

財務書類の相互関係

貸借対照表

（資産）	（負債）
投資その他の資産 出資金　70,000 投資損失引当金△50,000	
	（純資産） 純資産　△50,000

行政コスト計算書

（費用）	（収益）
臨時損失 投資損失引当金繰入額 50,000	

純資産変動計算書

（減少）	（増加）
純行政コスト　50,000	

資金収支計算書

（収入）	（支出）

なお、その後の会計処理として、Ｅ法人の財政状態が大幅に悪化し、債務超過となり、実質的に破綻した場合には、以下の仕訳となる。

仕訳

（投資損失引当金） －ＢＳ－	50,000,000	（出資金） －ＢＳ－	70,000,000
（その他（臨時損失）） －ＰＬ－	20,000,000		

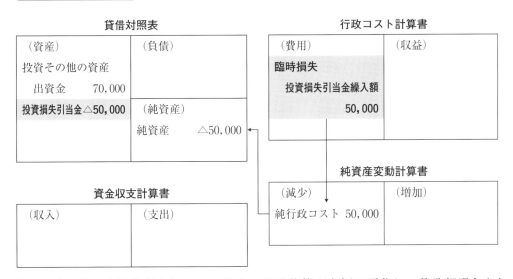

5　徴収不能引当金

徴収不能引当金は、投資その他の資産のうち、債権全体または同種・同類の債権ごとに、債権の状況に応じて求めた過去の徴収不能実績率など合理的な基準により算定する。ただし、徴収不能引当金の算定について、他の方法によることがより適当であると認められる場合には、当該方法により算定することができる。

投資その他の資産のうち、徴収不能引当金の設定対象科目は、「長期延滞債権」、「長期貸付金」である。また、流動資産に区分される「未収金」、「短期貸付金」といった債権も徴収不能引当金の設定対象である。この場合においても、上記と同様、債権全体または同種・同類の債権ごとに、債権の状況に応じて求めた過去の徴収不能実績率など合理的な基準により算定する。ただし、徴収不能引当金の算定について、他の方法によることがより適当であると認められる場合には、当該方法により算定することができるとされている。

なお、「長期延滞債権」とは滞納繰越調定収入未済の収益及び財源をいい、「未収金」とは現年調定現年収入未済の収益及び財源をいう。

例題

E市では、期末現在、未収金として9,000,000円を計上している。決算にあたり、過去の徴収不能実績率を調査したところ、概ね5％が徴収不能になると見込まれる。このため、徴収不能引当金を設定する。

仕訳

(徴収不能引当金繰入額) －PL－	450,000	(徴収不能引当金) －BS－	450,000

※　9,000,000×5％＝450,000

財務書類の相互関係

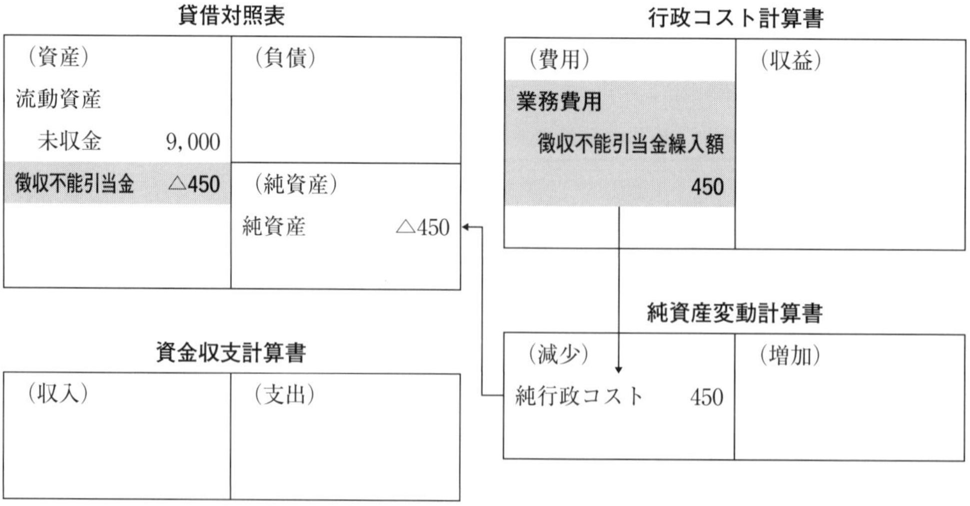

なお、その後の会計処理として、計上している未収金9,000,000円のうち、600,000円について不能欠損が決定した場合には、以下の仕訳となる。

仕訳

(徴収不能引当金) －BS－	450,000	(未　収　金) －BS－	600,000
(その他(その他の業務費用)) －PL－	150,000		

6　歳計外現金

歳計外現金とは、地方公共団体の所有に属しない現金で、地方公共団体が保管する現金をいう。具体的には、入札保証金や契約保証金、職員の給与に係る所得税等、公営住宅の敷金などが該当する。

歳計外現金は、資金収支計算書の資金の範囲には含めない。ただし、本表の欄外注記として、前年度末歳計外現金残高、歳計外現金増減額、会計年度末歳計外現金残高及び会計年度末現金預金残高を表示する。

資金収支計算書の収支尻（会計年度末資金残高）に会計年度末歳計外現金残高を加えたものは、貸借対照表の資産の部の現金預金勘定と連動する。

例題

Ｆ市では、入札保証金として1,000,000円を受け取った。また、公営住宅の敷金として、前期以前に200,000円を受け取っていたが、当期において全額返却している。なお、当該入札保証金、公営住宅の敷金は歳計外現金に該当し、これ以外に、当期において歳計外現金に関する資金の授受は存在しなかったものとする。

仕訳

(本年度歳計外現金増減額) －CF－	1,000,000	(預　り　金) －BS－	1,000,000
(預　り　金) －BS－	200,000	(本年度歳計外現金増減額) －CF－	200,000

財務書類の相互関係

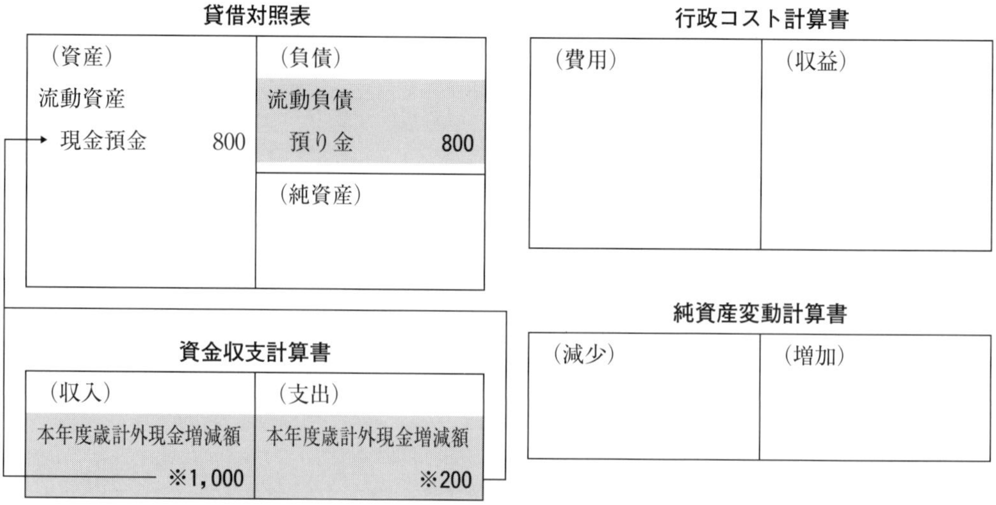

※　なお、歳計外現金は資金収支計算書上の資金の範囲に含まれないため、厳密には資金収支計算書の欄外注記に記載される。

check! 問題集 問題３－５

別表7　非資金仕訳例

別表7－1　整理仕訳

本表において「整理仕訳」とは、複数の勘定科目が混在する取引につき、当初、1科目・金額で処理し、後日、その仕訳を正しい科目・金額に修正する振替仕訳をいう。

以下、歳入歳出仕訳において、当初、混在する仕訳を行った場合の整理仕訳例を掲載する。ただし、リース資産については、当初から資産分と費用分を分解して仕訳する例と、当初は物件費として仕訳する例を示す。

No.	ケース		借方 財書	借方 勘定科目名	借方 金額	貸方 財書	貸方 勘定科目名	貸方 金額
1	固定資産売却益	元本額100、売却額120、売却益20。当初売却総額をもって処理していたところ、これを修正						
		当初仕訳	ＣＦ	資産売却収入	120	ＢＳ	土地	120
		整理仕訳	ＢＳ	土地	20	ＰＬ	資産売却益	20
2	有価証券及び出資金売却益	元本額100、売却額120、売却益20。当初売却総額をもって処理していたところ、これを修正						
		当初仕訳	ＣＦ	資産売却収入	120	ＢＳ	有価証券	120
		整理仕訳	ＢＳ	有価証券	20	ＰＬ	資産売却益	20
3	固定資産売却損	元本額100、売却額70、売却損30。当初売却総額をもって処理していたところ、これを修正						
		当初仕訳	ＣＦ	資産売却収入	70	ＢＳ	土地	70
		整理仕訳	ＰＬ	資産除売却損	30	ＢＳ	土地	30
4	有価証券及び出資金売却損	元本額100、売却額70、売却損30。当初売却総額をもって処理していたところ、これを修正						
		当初仕訳	ＣＦ	資産売却収入	70	ＢＳ	有価証券	70
		整理仕訳	ＰＬ	資産除売却損	30	ＢＳ	有価証券	30
5	短期貸付元利金混在償還	貸付金償還総額100、うち元金90、利息10。当初償還総額をもって処理していたところ、これを修正						
		当初仕訳	ＣＦ	貸付金元金回収収入	100	ＢＳ	短期貸付金	100
		整理仕訳	ＢＳ	短期貸付金	10	ＰＬ	その他の収入（経常収益）	10
			ＣＦ	その他の収入（業務収入）	10	ＣＦ	貸付金元金回収収入	10
6	生産物売払収入							
		当初仕訳	ＣＦ	その他の収入（業務）		ＰＬ	その他（経常収益）	
		整理仕訳	ＰＬ	その他（その他の業務費用）		ＢＳ	棚卸資産	
		又は						
		期首棚卸高	ＰＬ	その他（その他の業務費用）		ＢＳ	棚卸資産	
		期末棚卸高	ＢＳ	棚卸資産		ＰＬ	その他（その他の業務費用）	

No.	項目	区分	借方	借方科目	金額	貸方	貸方科目	金額
7	退職手当引当金振替	当初、全額職員給与費で処理していたところ、退職手当引当金を取崩して充当						
		当初仕訳	ＰＬ	職員給与費	100	ＣＦ	人件費支出	100
		整理仕訳	ＢＳ	退職手当引当金	100	ＰＬ	職員給与費	100
8	賞与等引当金振替	当初、全額職員給与費で処理していたところ、賞与等引当金を取崩して充当						
		当初仕訳	ＰＬ	職員給与費	100	ＣＦ	人件費支出	100
		整理仕訳	ＢＳ	賞与等引当金	100	ＰＬ	職員給与費	100
9	リース資産	購入見積額100、５年リース、年間支払額25（うち購入額相当額20　利息相当額５）						
	①　当初から資産分と費用分を分解して仕訳する場合							
	取得時		ＢＳ	科目を特定する。例えば物品。	100	ＢＳ	その他（固定負債）	100
	初年度リース料支払　本体分		ＢＳ	その他（固定負債）	20	ＣＦ	その他の支出（財務活動支出）	20
	初年度リース料支払　利息分		ＰＬ	支払利息	5	ＣＦ	支払利息支出	5
	償却　（有形固定資産の場合）		ＰＬ	減価償却費	20	ＢＳ	有形固定資産の減価償却累計額を特定	20
	（無形固定資産の場合）		ＰＬ	減価償却費	20	ＢＳ	無形固定資産の科目を特定	20
	②　当初は物件費として仕訳する場合	当初支払額を物件費で処理していたところ、これを修正						
	取得時		ＢＳ	科目を特定する。例えば物品。	100	ＢＳ	その他（固定負債）	100
		当初仕訳	ＰＬ	物件費	25	ＣＦ	物件費等支出	25
	初年度リース料支払　本体分	整理仕訳	ＢＳ	その他（固定負債）	20	ＰＬ	物件費	25
			ＰＬ	支払利息	5			
			ＣＦ	物件費等支出	20	ＣＦ	その他の支出（財務活動支出）	20
	初年度リース料支払　利息分		ＣＦ	物件費等支出	5	ＣＦ	支払利息支出	5
	償却　（有形固定資産の場合）		ＰＬ	減価償却費	20	ＢＳ	有形固定資産の減価償却累計額を特定	20
	（無形固定資産の場合）		ＰＬ	減価償却費	20	ＢＳ	無形固定資産の科目を特定	20

別表７－２　未収・未払の仕訳

歳入歳出データのうち、未収金及び未払金に関する仕訳は、次のとおりである。

No.	ケース	借方 財書	借方 勘定科目名	借方 金額	貸方 財書	貸方 勘定科目名	貸方 金額
10	前年度末に未収計上したものの本年度収納	貸方はＢＳ未収金として既存の未収金を消込み、借方のＣＦ科目を特定する。 ＣＦ科目は、その未収金を計上した元の相手科目から判断して、以下のいずれかを選択する。					
		ＣＦ	科目を特定する。例えば税収等収入。		ＢＳ	未収金	
11	前年度末に未払金計上したものの本年度支払	借方はＢＳ未払金として既存の未払金を消込み、貸方のＣＦ科目を特定する。					
		ＢＳ	未払金		ＣＦ	科目を特定する。例えば公共施設等整備費支出。	
12	前年度末に未払費用計上したものの本年度支払	借方はＢＳ未払費用として既存の未払費用を消込み、貸方のＣＦ科目を特定する。					
		ＢＳ	未払費用		ＣＦ	科目を特定する。例えば支払利息支出。	
13	本年度末に未収金が発生した場合の処理	１．現金取引（未済）の場合、借方がＢＳ未収金となる。 ２．過年度未収計上分（再調定分）であって、本年度末においてもなお未収である場合、重複して未収計上しないこと。					
	①　税金（例）	ＢＳ	未収金		ＮＷ	税収等	
	②　資産売却収入の未収金（損益が発生しない場合）						
	固定資産売却	ＢＳ	未収金		ＢＳ	固定資産の科目を特定	
	投資その他の資産の譲渡	ＢＳ	未収金		ＢＳ	投資その他の資産の科目を特定	
	③　資産売却収入の未収金（益が発生した場合）	（例）　元本額100　売却額120　売却益20					
	土地売却例	ＢＳ	未収金	120	ＢＳ	土地	100
					ＰＬ	資産売却益	20
	④　資産売却収入の未収金（損が発生した場合）	（例）　元本額100　売却額70　売却損30					
	土地売却例	ＢＳ	未収金	70	ＢＳ	土地	100
		ＰＬ	資産除売却損	30			
	⑤　その他の収益の未収金	ＢＳ科目は未収金であるが、相手科目としてＰＬ収益科目の特定を要する。					
		ＢＳ	未収金		ＰＬ	ＰＬの収益科目を特定	
14	年度末に未払金が発生した場合の処理	現金取引（未済）の場合、貸方がＢＳ未払金及び未払費用となる。					
	土地（例）	ＢＳ	土地		ＢＳ	未払金	

別表７－３　未収金に関する不納欠損の仕訳

歳入歳出データのうち、未収金について不納欠損決定した額に関する仕訳は、次のとおり行う。

No.	ケース	借方		貸方	
		財書	勘定科目名	財書	勘定科目名
15	徴収不能引当金を計上している債権の場合				
	未収金の不納欠損（例）	ＢＳ	徴収不能引当金	ＢＳ	未収金
16	徴収不能引当金を計上していない債権の場合				
	未収金の不納欠損（例）（業務上行っている債権の場合）	ＰＬ	その他（その他の業務費用）	ＢＳ	未収金
	（上記以外の債権の場合）	ＰＬ	その他（臨時費用）	ＢＳ	未収金

別表７－４　歳計外資金の仕訳

歳計外現金（例：社会保険料等の預り金）の受入、払出に関する仕訳は次のとおりである。なお、年度末に本年度増減総額をもって処理してもよい。

No.	ケース	借方		貸方	
		財書	勘定科目名	財書	勘定科目名
17	歳計外現金の受入	ＣＦ	本年度歳計外現金増減額	ＢＳ	預り金
18	歳計外現金の払出	ＢＳ	預り金	ＣＦ	本年度歳計外現金増減額

別表７－５　歳入歳出データに含まれない非資金仕訳

歳入歳出データに含まれない非資金取引に関する仕訳（例）は、次のとおりである。

No.	ケース	借方		貸方	
		財書	勘定科目名	財書	勘定科目名
19	固定資産の無償所管換受入・寄付受入・受贈	ＢＳ	固定資産の科目を特定	ＮＷ	無償所管換等
20	固定資産が調査によって判明した場合	ＢＳ	固定資産の科目を特定	ＮＷ	無償所管換等
21	投資その他の資産の無償所管替受入・寄付受入・受贈	ＢＳ	投資その他の資産の科目を特定	ＮＷ	無償所管換等
22	固定資産の除却	ＰＬ	資産除売却損	ＢＳ	固定資産の科目を特定
23	固定資産の無償所管替払出・寄付払出	ＮＷ	無償所管換等	ＢＳ	固定資産の科目を特定
24	棚卸資産への振替	ＢＳ	棚卸資産	ＢＳ	有形固定資産の科目を特定
25	満期保有目的有価証券等の強制評価減	ＰＬ	その他（臨時損失）	ＢＳ	投資その他の資産の科目を特定
26	満期保有目的の債券以外の有価証券及び市場価格のある出資金の評価益	ＢＳ	投資その他の資産の科目を特定	ＮＷ	資産評価差額

27	満期保有目的の債券以外の有価証券及び市場価格のある出資金の評価損	ＮＷ	資産評価差額	ＢＳ	投資その他の資産の科目を特定
28	投資損失引当金の計上	ＰＬ	投資損失引当金繰入額	ＢＳ	投資損失引当金
29	投資損失引当金の取崩し	ＢＳ	投資損失引当金	ＰＬ	その他（臨時利益）
30	市場価格のない投資及び出資金（連結対象団体及び会計に対するもの）の回収不能				
	投資損失引当金を計上している投資その他の資産の場合	ＢＳ	投資損失引当金	ＢＳ	引当てた投資その他の資産の科目を特定
	投資損失引当金を計上していない投資その他の資産の場合	ＰＬ	その他（臨時損失）	ＢＳ	投資その他の資産の科目を特定
31	徴収不能引当金の計上	ＰＬ	徴収不能引当金繰入額	ＢＳ	徴収不能引当金
32	徴収不能引当金の取崩し	ＢＳ	徴収不能引当金	ＰＬ	その他（経常収益）
33	賞与等引当金の計上	ＰＬ	賞与等引当金繰入額	ＢＳ	賞与等引当金
34	退職手当引当金の計上	ＰＬ	退職手当引当金繰入額	ＢＳ	退職手当引当金
35	損失補償等引当金の計上	ＰＬ	損失補償等引当金繰入額	ＢＳ	損失補償等引当金
36	固定資産から流動資産への振替				
	貸付金（例）	ＢＳ	短期貸付金	ＢＳ	長期貸付金
37	固定負債から流動負債への振替				
	地方債（例）	ＢＳ	地方債	ＢＳ	１年内償還予定地方債
38	固定資産の減価償却				
	有形固定資産	ＰＬ	減価償却費	ＢＳ	有形固定資産の減価償却累計額を特定
	無形固定資産	ＰＬ	減価償却費	ＢＳ	無形固定資産の科目を特定
39	建設仮勘定の本勘定への振替	ＢＳ	建物	ＢＳ	建設仮勘定
40	退職手当組合の積立額				
	退職手当組合の積立額が退職手当債務を超過している場合	ＢＳ	基金（その他）	ＰＬ	経常収益（その他）
	当該資産が減少する場合	ＰＬ	人件費（職員給与費）	ＢＳ	基金（その他）

【出典】　総務省公表資料

第４章　固定資産台帳の実務

第４章　固定資産台帳の実務

本章の趣旨

固定資産の基礎及び初回台帳整備については、基礎編（３級）において学習した。

これに引き続き、本章では、運用段階における固定資産実務を学習する。

なお、本章で扱う固定資産は、有形固定資産、無形固定資産とする。

【凡例】

＊統一的な基準

［報告］今後の新地方公会計の推進に関する研究会報告書（平成26年４月）

［要領］財務書類作成要領（平成27年１月）

［手引］資産評価及び固定資産台帳整備の手引き（同上）

［連結］連結財務書類作成の手引き（同上）

以上を総称して「新地方公会計制度」、記載内容全般を「統一的な基準」と言う。

＊基準モデル

新地方公会計制度研究会報告書　　　平成18年５月　総務省

新地方公会計制度実務研究会報告書　平成19年10月　総務省

＊財務省令

減価償却資産の耐用年数等に関する省令（昭和40年３月大蔵省令第15号）

＊法人税法施行令

＊法人税法関連

基本通達・法人税法　国税庁ホームページ

タックスアンサー　　国税庁ホームページ

質疑応答事例　　　　国税庁ホームページ

第1節　固定資産台帳の概要

1　固定資産台帳と仕訳伝票

「統一的な基準」の初回導入時には、期首現在（＝前期末現在）の固定資産台帳を作成し、その集計が開始貸借対照表額となる。

以降、毎期、固定資産台帳への増減記帳（減価償却を含む）を継続するとともに、その記帳に基づき、仕訳伝票を発行する。仕訳伝票には、増減金額、当該固定資産科目及び相手科目が記載される。

仕訳伝票によって、個々の固定資産の増減金額は、貸借対照表、行政コスト計算書、純資産変動計算書、資金収支計算書の各科目に正確に配分されることとなる。

こうして、固定資産台帳は、貸借対照表額を形成するだけでなく、当期増減にかかる仕訳伝票を通じて、複式簿記の特徴であるフローとストックの正確な計算を実現する。

固定資産台帳と仕訳伝票発行のイメージ図を、図表１に示す。

2　建設仮勘定明細表

建設仮勘定明細表は、年度を超えて継続中の工事につき、完成物資産を単位として、取得額に算入すべき費用明細を記録・累積する。同明細表は、毎年度、固定資産台帳へ当期増減額を転記する。完成後は、完成物に振替える。途中、一部完成時は、同明細表から減額して本勘定へ振替える。そのイメージを図表２に示す。

3　リース・ＰＦＩ明細表

リースあるいはＰＦＩは、契約上は賃借契約であるが、会計上は、例外はあるものの基本的には分割払購入とみなされる（維持費等サービス料込の場合もある）。このため、契約総額を、①資産本体額（＝負債額）　②利息　③維持費等　に３分解して処理することとされている。

そこで、リース契約時に、契約総額を３分解するとともに、契約期間中の支払計画表も三分解したものを作成する。ＰＦＩ契約の場合は、相手方からこのような分解した支払計画表が提示されるが、リース契約では、通例、内訳までは提示されず、自ら作成する必要がある。

固定資産台帳へは、同明細表から、当該資産科目・本体相当額をもって計上し、以後、契約期間を耐用年数として減価償却を行う。そのイメージを図表３に示す。

図表1　固定資産台帳と仕訳伝票のイメージ図

項番	台帳項目 ＼ 増減パターン		1 新規取得	2 資本的支出	3 除却	4 売却	5 過年度訂正	6 減価償却
1	現在年度－番号		2017-2	2017-5	2017-1	2017-3	2017-4	2017-6
	前回異動年度－番号			1975-150	2010-100	1980-500	1960-400	2016-1500
2	枝番			2				
4	所属（部局等）							
5	勘定科目		備品	建物	備品	土地	土地	工作物（インフラ）
6	件名（施設名）		食器洗浄機	小学校校舎耐震補強	巡回自動車	○○町○番	○○町○番	1980年度道路舗装
7	リース区分							
9	耐用年数		9	45	5	0	0	50
10	取得年月日		2017/6/1	2017/12/1	2010/4/10	1980/10/25	1960/9/10	1980/12/31
12	取得価額等		1,699,500	25,000,000	1,770,000	1,230,000	5,000,000	100,000,000
14	増減異動日付		2017/6/1	2017/12/1	2017/4/10	2017/6/10	2018/8/3	2018/3/31
15	増減異動前簿価		0	0	1	1,230,000	5,000,000	28,000,000
16	増減異動事由		新規購入	資本的支出	廃棄	売却	調査判明	減価償却
17	今回増加額		1,699,500	25,000,000			150,000	
18	増加内訳	有償取得額	1,699,500	25,000,000				
19		無償所管換増分						
20		その他無償取得分						
21		調査判明増分					150,000	
22		振替増額						
23		評価等増額						
24	今回減少額				1	1,230,000		2,000,000
25	減少内訳	除売却額			1			
26		無償所管換減分						
27		その他無償譲渡分						
28		誤記載減少分						
29		振替・分割減額						
30		減価償却額						2,000,000
31		評価等減額						
32	増減異動後簿価		1,699,500	25,000,000	0	0	5,150,000	26,000,000
33	会計区分		一般会計	一般会計	一般会計	一般会計	一般会計	一般会計
34	予算執行科目		備品費	工事請負費	—	財産売払収入	—	—
39	売却可能区分							
41	完全除却済記号				完全除却			
46	行政目的別資産区分							
47	減価償却累計額		0	0	1,769,999			74,000,000
49	公有財産台帳番号							
	売却実額					1,000,000		
	備考					売却損23万	再測量・価格15万増	

【仕訳伝票発行】

	増減パターン	摘要	会計	借　方	貸　方
1	新規取得	食器洗浄機	一般	ＢＳ備品　1,699,500	ＣＦ公共施設整備支出　1,699,500
2	資本的支出	Ａ小学校校舎耐震補強	一般	ＢＳ建物　25,000,000	ＣＦ公共施設整備支出 25,000,000
3	除却	巡回自動車除却	一般	ＰＬ資産除売却損　1 ＢＳ備品償却累計額　1,769,999	ＢＳ備品　1,770,000
4	売却	○○町○番売却	一般	ＰＬ資産除売却損　230,000 ＣＦ資産売却収入　1,000,000	ＢＳ土地　1,230,000
5	過年度訂正増	○○町○番地積更正	一般	ＢＳ土地　150,000	ＮＷ無償所管換等　150,000
6	減価償却	1980年度道路舗装償却	一般	ＰＬ減価償却費　2,000,000	ＢＳ工作物償却累計額　2,000,000

注１）　本例の台帳項目・項番は、総務省手引Ｐ31別紙２の固定資産台帳項目から抽出している。
注２）　当期異動のない資産は、台帳記帳は生じない。これらのＢＳ額は、前期末残高がそのまま継承される。
注３）　新規の資産が発生した時の記帳は、新しい行を作成して行う。
注４）　既存資産の増減記帳は、履歴保存の上、既存行を下敷きに、新しい行を作成する。
注５）　資本的支出の場合は、親資産とは別件として、新規登録する。その際、親との関係を枝番等で示す。
注６）　減価償却は、原則として取得の翌期から開始。期末簿価＝取得原価－（前期迄減価償却累計額＋当期減価償却費）
注７）　減価償却資産のＢＳ表記は、直接法（期末簿価）と間接法（取得原価と▲減価償却累計額の併記）がある。

図表２　建設仮勘定明細表のイメージ図

名称	○○道路新設工事	期間	Ⅹ1～Ⅹ4年度	総事業費	20億円

年度	会計	節	歳出科目	伝票No.	(A) 支出額	(B) 本勘定へ振替 科目	(B) 本勘定へ振替 金額	当期計	(A)－(B) 建設仮勘定残高(累計)	工事内容等
Ⅹ1	01	17	公有財産購入費	10	300	土地	300			土地登記により本勘定振替
Ⅹ1	01	17	公有財産購入費	11	200	土地	200			
Ⅹ1	01	22	補償、補填及び賠償金	5	10	土地	10			
Ⅹ1	01	13	委託料	24	40					設計費
Ⅹ1	01	15	工事請負費	120	10					Ａ区間
			Ⅹ1計		560		510	50	50	
Ⅹ2	01	13	委託料	30	20					工事監督費
Ⅹ2	01	15	工事請負費	217	350					Ｂ区間
			Ⅹ2計		370			370	420	
Ⅹ3	01	15	工事請負費	181	600			600		Ｃ区間
			Ⅹ3計		600			600	1,020	

注１）　本表は建設途上で、一部完成した分を本勘定へ振り替えることも想定している（Ｂ列）。

注２）　本例では、土地をいったん建仮に計上後、本勘定振替をしているが、実務では、建仮を経由せず、登記と同時に、直接本科目（インフラ土地）に計上している例が多い。

図表３　リース・ＰＦＩ明細表のイメージ図

（単位：千円）

【リース契約】		【固定資産台帳上の扱い】	
品　名	住民票発行機	勘定科目	物品
開始日	Ⅹ1年６月１日	取得額	4,600
終了日	Ⅹ6年５月31日	耐用年数	5
期　間	５年間	減価償却率	0.200
契約額	6,000	年間減価償却費	920
支払方法	毎月末払60回	【仕　　訳】	
うち利息相当額	200	毎期、支払利息として仕訳	
うち維持費額	1,200	毎期、維持補修費として仕訳	
うち資産相当額	4,600	取得時、資産/負債の両建で仕訳	
＝負債相当額		毎期、減価償却、負債償還(現金)	

（支払計画）　　　　（減価償却）

年度	年間支払額	年間支払額の内訳 負債償還	利息	維持費等	減価償却費(月次)	減価償却費(年次)
１初年度	1,000	767	33	200	767	0
２年度	1,200	920	40	240	920	920
３年度	1,200	920	40	240	920	920
４年度	1,200	920	40	240	920	920
５年度	1,200	920	40	240	920	920
６最終年度	200	153	7	40	153	920
合計額	6,000	4,600	200	1,200	4,600	4,600

注１）　年間支払額は、契約初年度は、６～３月の10カ月、最終年度は２カ月となる。

注２）　減価償却は、契約年度から月次償却する方法と、一般の固定資産同様に取得翌年度から年次償却する方法が考えられる。

注３）　リース契約満了後額は、所有権を正規に取得しない限り、リース資産の簿価はゼロとなる。

第2節 固定資産台帳の業務フロー

固定資産台帳にかかる業務全体フローを、図表４に示す。フローのうち、②台帳記帳、③仕訳、⑥作表等については、別節で詳述し、本節では、主として進行管理に関係する業務の要点を述べ、組織的作業であることを明らかにする。

図表４　固定資産業務の全体フロー

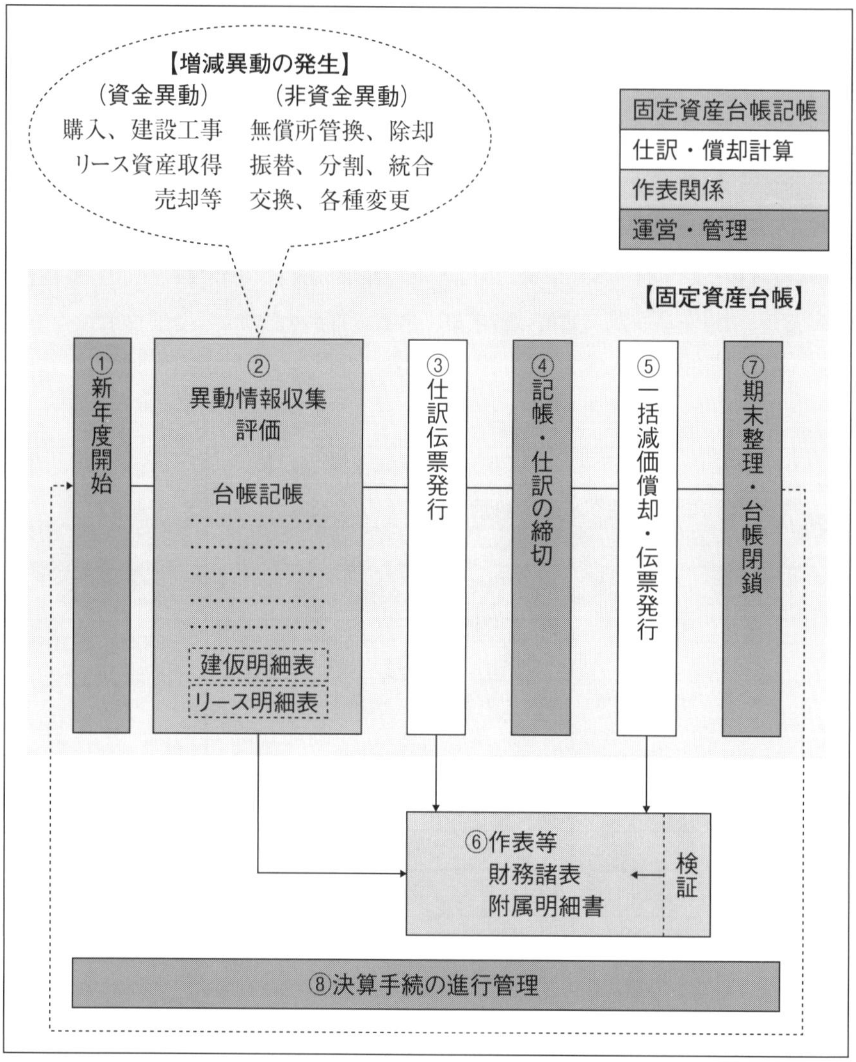

1　新年度開始①

当期作業開始に先立ち、システムの台帳年度を決算対象年度に設定し、新たな記帳が行える状態にする。その際、次のことに留意を要する。

① 組織、会計、科目、歳入歳出科目からの自動仕訳パターン、その他の共通マスタを、当期用に設定する。関係システムとの連携維持も確認する。

② 過去データについて、この時点で誤謬が発見されることがある。しかし、さかのぼって台帳修正することは許されず、必要あれば当期に訂正処理を行うこと（例えば「調査判明」処理）。

2　記帳・仕訳の締切④

償却資産の減価償却は、個々の固定資産台帳の記帳と仕訳伝票の発行を締め切ったのち、一括して、償却計算・記帳・仕訳伝票発行を行う。

このため、管理者は、償却計算に先立ち、固定資産台帳作業をいったん締切る。

減価償却計算は、一般にシステムにより自動で行われるが、一部除却、分割、評価替、耐用年数変更など、特殊な事例が生ずる可能性があり、例外も含めて、償却前チェックが必要である（償却計算の特例は、別章で記述）。

3　作表等及び検証⑥

記帳、仕訳、減価償却計算、減価償却仕訳の結果は、固定資産増減明細表、その他の形式で集計し、検証を行い、財務書類に反映される。

特に、純資産変動計算書は、仕訳伝票から自動作成されず、固定資産増減明細表から転記することとなる。また、附属明細書等には、固定資産台帳から直接作成を要するものがある。これらの作表を通じて、固定資産台帳記帳と仕訳が検証される（作表の詳細は、第9節に記載）。

4　期末整理・台帳閉鎖⑦

期末整理は、完全除却された行や、分割に伴う残渣など、作業過程で生ずる会計上不要なデータを整理する作業で、すべての決算作業が終了後、行われる。

このあと、当期固定資産台帳は、完全に閉鎖され、変更が禁止され、翌期の開始データとなる。

5　決算手続の進行管理⑧

以上の固定資産業務は、決算の全体日程に沿って、正確に進捗管理されなければならない。また、誤処理やデータ破損に対応して、固定資産データのバックアップ・復元、マスタ類の管理、年次更新のほか、固定資産データ利用のためのデータ抽出、他システムとの連携などが円滑に行われる体制が不可欠である。

第3節　固定資産増減異動情報の取得

固定資産台帳記帳には、異動の発生状況、内容の詳しい情報収集が前提となる。

情報は、現行の官庁会計における予算執行伝票、契約書類、その他各種の書類や、現物確認によって調査・把握する。

この固定資産増減異動情報の流れを、図表5に示す。

なお、公会計と並行して、公有財産台帳等がある（道路、建物、公園、物品等。主として現物管理を目的とする）。両者の整合性と事務効率化が課題とされている。

以下、増減情報把握にかかる留意点を述べる。

図表5　固定資産にかかる増減情報の取得と記帳

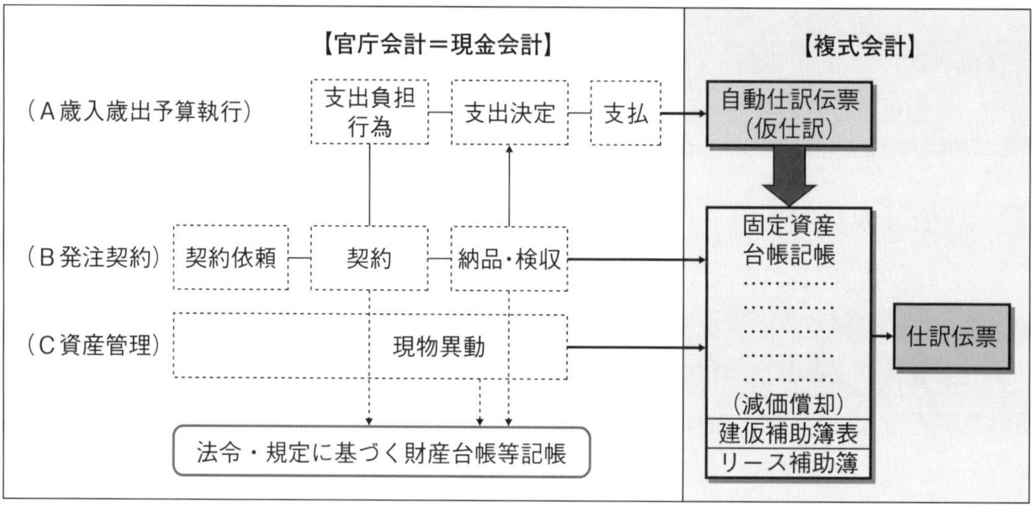

注）上図の予算執行では歳出のみを記載し、売却など歳入伝票の流れは省略している。

1　歳入歳出を伴う場合

現金収支を伴う固定資産の増減においては、歳入歳出伝票及び検収調書等から、資産件名、取得日、取得額（売却の場合は売却実額）等を確認することができる。

固定資産を含む予算執行科目は、歳入の場合、財産売払収入、歳出の場合は、委託料、工事請負費、公有財産購入費、備品購入費などがある（第3章別表6－3及び6－4参照）。そこで、このような歳入歳出科目については、自動仕訳時に仮勘定科目を付与しておき、それらの予算執行伝票のうちから、固定資産案件を抽出する方法がとられている。

しかし、仮仕訳伝票は、現金収支伝票に過ぎず、個々の固定資産やその勘定科目を特定するものではない。仮仕訳伝票は大量の上、現物資産と1：1で対応するとは限らず、1：N、N：1のケース、資産と費用が混在するケースもある。

こうした状況を前提として、次の情報収集を行う。

(1)　台帳に記載すべき事項：資産名/資産額に算入すべき額/勘定科目/台帳登録単位/増減日付/増減事由/耐用年数/その他記載事項

(2)　既存資産に対する一部増減変更の場合は、既存資産データの台帳上の特定。また、金額以外で、会計に影響を及ぼす変更事項・内容（会計区分、耐用年数の変更等）の有無の把握

(3)　既存の公有財産台帳等との整合性確認

予算執行と固定資産を結びつける確実で効率的な体制・手順が不可欠であって、特に、期末一括仕訳の場合、次のことが基本となると考えられる。

- 歳入歳出伝票の起票者が、固定資産台帳記帳と仕訳伝票発行を一貫して行う。
- 歳入歳出伝票の起票時あるいは資産受払時に、当該伝票に「固定資産マーク」を付しておき（建設仮勘定の場合は、工事番号・工事名等）、抽出する。
- 歳入歳出伝票と固定資産台帳との突合表を作成する。

2　歳入歳出を伴わない場合

歳入歳出を伴わない無償所管換、移管、寄付、除却等は、資産受払手続、現行財産台帳への記帳手続、現物確認等によって、異動の発生と異動内容を認識する。

無償で新規取得したものは、開始時と同様に、取得日付や耐用年数を評価の上、資産額を算定する必要がある。

3　台帳への記帳について

新規取得の場合は、新たな資産データが追加されることは当然である。

既存資産にかかる増減異動には、単純な購入以外に、既存資産の一部増、一部減、分割・併合（分筆・合筆など、1：Nのケースもある）、交換、振替等の態様があり、ほかにも、耐用年数の変更や、地積更正による数量変更等、会計に影響する台帳記載変更もある。

こうした既存資産変更においては、既存の台帳情報を呼び出し、これを下敷きとして編集し、新たに、当期データを生成することになる。

その際、過去のデータ履歴は、確実に残されなければならない。

第4節　固定資産の増減事由

1　増減異動事由

固定資産にかかる仕訳は、その増減事由によって決定すると言って過言ではない。

増減事由は、表記上の差があるが、手引等において整理されており、これに若干の事例を補足して、図表6に整理した。

図表6　固定資産増減事由等

区分	「手引」別紙2 固定資産台帳の項目	「要領」別表4－5 表記載の区分	「手引」127・128項 増減理由	その他事例補足
増加	1　有償取得額	1　有償取得	①　新規有償取得 ②　一部増加有償取得 （改良、改造、付加等）	資本的支出 下取購入 リース資産取得 当期建設仮勘定
	2　無償所管換増分	2　無償取得	④　無償所管換受	
	3　その他無償取得分		⑤　交換受	
	4　調査判明増分	3　調査判明	⑦　調査判明	
			⑥　寄付受	
	5　振替増額	4　振替増	③　建仮から本勘定へ（受）	会計間異動（増） 科目振替（増）
	6　評価等増額	5　評価益	⑧　再評価による増額	誤謬訂正増
減少	7　除売却額	6　売却	①　売却	
		7　除却	②　破損・滅失・取替等による除却（全部除却、一部除却）	
	8　無償所管換減分	8　無償譲渡	③　無償所管換出	
	9　その他無償譲渡分		④　交換出	下取（出）
			⑤　寄付出	
	10　誤記載減少分		⑥　調査判明	
	11　振替・分割減額	9　振替減		建仮精算（建仮減） 会計間異動（減） 科目振替（減）
	12　減価償却額	10　減価償却	⑦　減価償却	（リース資産を含む）
	13　評価等減額		⑧　再評価による減額	誤謬訂正減
その他	（会計上影響を及ぼす事項）		地積更正、建物面積変更等→価額変更 耐用年数変更（延長、短縮）→償却額・期間変更	
	（会計に影響を及ぼさない記帳変更）		単純分割・併合（分筆、合筆）→総額に変更ない場合 組織名変更、地番表記変更等	

第5節　償却計算と耐用年数の基本事項

本節では、耐用年数と減価償却計算の基本事項を整理する。

1　償却計算と耐用年数の基本（手引44、45、50段落）

償却資産の各会計年度の減価償却額は、当該固定資産の当該会計年度期首における取得価額等に、耐用年数に応じた償却率を乗じて算出した金額とする。

従って、当期新規に取得した資産の減価償却は、翌会計年度から開始することとなるが、使用開始の当月又は翌月から償却開始することも可としている。

耐用年数及び償却率表は、原則として「減価償却資産の耐用年数等に関する省令」に従う（図表７）。なお、端数が生じた場合は、１円未満を切り捨てる。

図表７　耐用年数省令

減価償却資産の耐用年数等に関する省令（昭和40年３月31日大蔵省令第15号）		
A．耐用年数表		
	１　機械及び装置以外の有形減価償却資産の耐用年数表	別表第一
	２　機械及び装置の耐用年数表	別表第二
	３　無形減価償却資産の耐用年数表	別表第三
	４　生物の耐用年数表	別表第四
	５　公害防止用減価償却資産の耐用年数表	別表第五
	６　開発研究用減価償却資産の耐用年数表	別表第六
	７　公共施設等運営権（ＰＦＩ）の耐用年数	第１条第２項第５号
B．償却率表（定額法）		
	減価償却資産の定額法の償却率表	別表第八

2　資産登録単位の原則と開始時における特例（報告279段落、282段落）

耐用年数の異なるものは別途の資産として登録する。

但し、開始時は、建物本体と附属設備の耐用年数が異なるような物件でも、一体と見なして建物本体の耐用年数を適用して減価償却計算を行うことができる。

しかし、開始後は、原則に従い建物本体と附属設備を分けて固定資産台帳に記載する。また、開始時に一体記載したものでも、更新時に分けることが望まれる。

3 資本的支出の耐用年数の扱い（手引41段落）

既存の償却資産に対して行った資本的支出（資産の価値を高め、あるいは耐用年数を増加させる支出）については、その支出金額を固有の取得価額として、既存の償却資産と種類及び耐用年数を同じくする別個の資産を新規に取得したものとして、その種類と耐用年数に応じて減価償却を行っていく。

4 一部除却の場合の償却計算の方法（手引52段落）

償却資産のうち有形固定資産を一体として減価償却を行う場合で当該有形固定資産を撤去して、それに対応する減価償却累計額を減額するときの額は、当該撤去の直前の会計年度末の減価償却累計額に、当該撤去資産の価額の同会計年度末において減価償却の対象となる有形固定資産の総額に対する割合を乗じて算出する。

5 使用可能期間を耐用年数とできる場合（報告78段落、手引46段落）

法定耐用年数により難い特別の理由として次に掲げる事由に該当するときは、使用可能期間をもって耐用年数とすることができる。

① 当該資産の材質・製作法が同種の他の資産と著しく異なり、使用期間が著しく短いとき

② 資産が存在する地盤の隆起・沈下により、使用期間が著しく短くなったとき

③ 陳腐化により使用期間が著しく短くなったとき

④ 腐食により使用期間が著しく短くなったとき

⑤ 損耗して使用期間が著しく短くなったとき

⑥ 以上に準ずる事由から使用期間が著しく短くなったとき

6 複合資産の耐用年数及び用途変更に伴う耐用年数（手引53段落）

２以上の用途に共通して使用されている償却資産については、使用目的、使用状況等により、当該資産の用途を合理的に判定し、その用途に定められた耐用年数に基づき、減価償却を行う。

途中で用途変更があった場合は、その後の経済的使用可能年数を見積もり、耐用年数を決定する。ただし、簡便的に法定耐用年数等を用い、以下の算式により用途変更後の耐用年数を求めることもできる。

○用途変更後の耐用年数＝((用途変更前の法定耐用年数－経過年数)／用途変更前の法定耐用年数)×用途変更後の法定耐用年数＋経過年数

7　中古資産の耐用年数（手引54段落）

中古の償却資産を取得した場合の耐用年数については、耐用年数省令等の取扱いに準じて、以下のとおり算定する。

① **見積法による耐用年数**

当該資産を事業の用に供した時以降の使用可能期間として、資産の摩滅・摩耗の程度等から客観的かつ合理的に見積もられた年数

② **簡便法による耐用年数**

見積法により耐用年数を見積もることが困難なものは、次に掲げる資産の区分に応じ、それぞれに定める年数（その年数が２年未満のときは２年）

○法定耐用年数の全部を経過した資産

法定耐用年数×20％

○法定耐用年数の一部を経過した資産

（法定耐用年数－経過年数）＋経過年数×20％

ただし、当該資産について支出した資本的支出の金額が当該資産の取得価額の50％に相当する金額を超えるときは、法定耐用年数による。

8　備忘価額の計上（手引56段落）

償却資産について、耐用年数を経過した後においても存する場合は、原則として備忘価額１円（残存価額なし）を計上する。ただし、無形固定資産については、備忘価額は計上しない。

第6節　減価償却計算の特例

固定資産台帳上、償却資産は、取得額のほか、耐用年数、当期の減価償却費、過去の償却費の累積である減価償却累計額を保有している。このため、耐用年数の変更や資産の一部増減が生ずると、複雑な影響が生ずる。

本節では、いくつかの減価償却パターンを整理する。なお、以下の例では、償却開始は取得翌年度からとする。

1　標準減価償却

第５節　１.償却計算と耐用年数の基本（報告77段落、手引44、50段落）に従い、減価償却計算の標準形を図表８に示す。

図表８　標準減価償却計算

経過年数		0	1	2	3	4	5	6	7
標準	耐用年数（年）	5	5	5	5	5	5		
	減価償却率	0.200	0.200	0.200	0.200	0.200	0.200		
	減価償却費/年		20	20	20	20	20		
	減価償却累計額	0	20	40	60	80	100		
	期末残高（標準）	100	80	60	40	20	0		

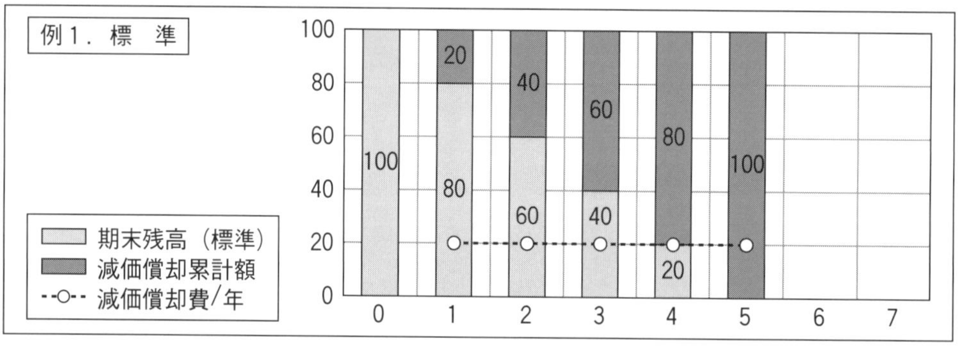

① 耐用年数は、財務省令で定めた耐用年数表を原則とする。但し、道路舗装等インフラ資産については統一的な基準では、財務省令と異なる定めをしている（手引Ｐ32別紙３－２）。

② 減価償却率は、耐用年数別に財務省令で定めた小数点以下３桁の率を用いる。耐用年数分の１ではない。減価償却費（年）＝取得額×減価償却率（１円未満の端数切捨）

③ 減価償却累計額＝前期末減価償却累計額＋当期減価償却費

④　期末残高＝前期末残高－減価償却費＝取得額－減価償却累計額

耐用年数満了後は、除却するまで備忘価額1円とする。但し、本例では、最終年度の期末簿価は、0として簡略化している（以下同じ）。

2　資本的支出（図表9）

償却資産の一部増加である資本的支出の場合は、既存の資産はそのままに、追加資産を新たに設け、以降、それぞれ別に、減価償却を進める。その際の耐用年数は、本体と同じとする（「手引」41段落）。

この方法によれば、図表9に示すとおり、親と子供が並行してそれぞれ進むこととなり、まぎれがない。但し、耐用年数は両者同じなので、親は早く耐用年数を満了する（備忘価額1円で継続）が、親が完全除却となったときは、子供も除却されることとなる。

図表9　資本的支出

	経過年数	0	1	2	3	4	5	6	7
当初	耐用年数（年）	5	5	5	5	5	5		
	減価償却率	0.200	0.200	0.200	0.200	0.200	0.200		
	減価償却費/年	0	20	20	20	20	20		
	減価償却累計額	0	20	40	60	80	100		
	期末残高（当初）	100	80	60	40	20	0		

例2．2年目に、資本的支出25。耐用年数はいずれも5年

		0	1	2	3	4	5	6	7
資本的支出	耐用年数（年）			5	5	5	5	5	5
	減価償却率			0.200	0.200	0.200	0.200	0.200	0.200
	減価償却費/年			0	5	5	5	5	5
	減価償却累計額			0	5	10	15	20	25
	期末残高（追加分）			25	20	15	10	5	0

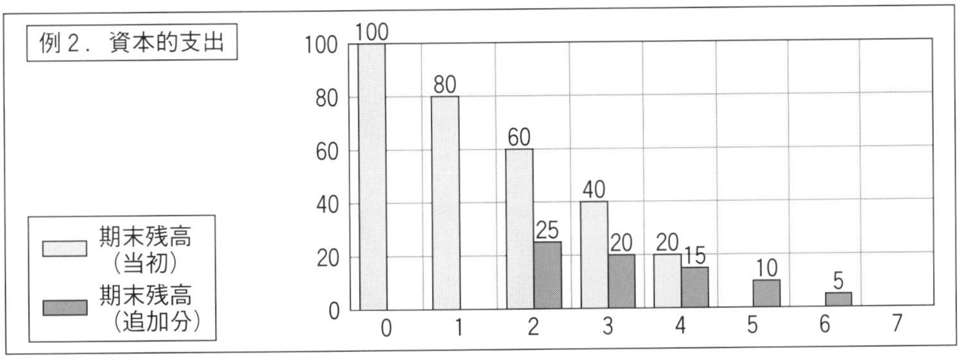

3 償却資産の一部増加（図表10）

償却資産の価額算定に一部漏れを発見した場合は、新規取得したものとして、評価額を期末額に加算し、翌年度から加算分を含めて償却を開始する。この場合、耐用年数は変更しないものとする。

資本的支出と類似するが、次の点で異なる。

① 資本的支出の耐用年数が本体新品と同じなのに対し、本例は、本体の現在残耐用年数を適用しており、以降の耐用年数経過の進行は本体と一体である。

② 別件扱いは計算上であって、台帳記載上別件の必要はない。

本例は、償却資産の併合（同一構造物の合体等）にも応用できる。その場合、残耐用年数が同じであることが前提となる。

図表10　償却資産の一部増加

	経過年数	0	1	2	3	4	5	6	7
当初	耐用年数（年）	5	5	5	5	5	5		
	減価償却率	0.200	0.200	0.200	0.200	0.200	0.200		
	減価償却費/年	0	20	20	20	20	20		
	減価償却累計額	0	20	40	60	80	100		
	期末残高（当初）	100	80	60	40	20	0		

例 3．２年目に、一部記載漏れ発見、時価評価額（15）を加算。耐用年数は同じ

		0	1	2	3	4	5	6	7
増加分	耐用年数（年）			3	3	3	3		
	減価償却率			0.334	0.334	0.334	0.334		
	減価償却費/年			0	5	5	5		
	減価償却累計額			0	5	10	15		
	期末残高（追加分）			15	10	5	0		
合計	期末残高（合計）	100	80	75	50	25	0		

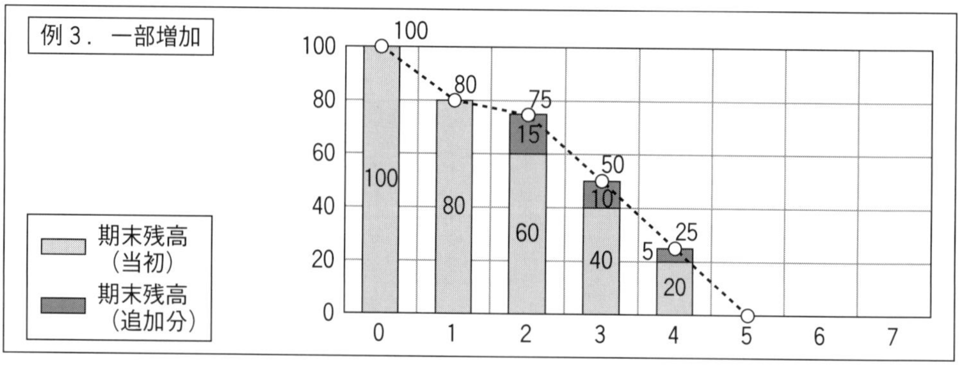

4　償却資産の分割と一部除却（図表11）

(1)　分割の手順は、次のとおりとする（手引52段落）。

①　当初取得時のそれぞれの取得額割合を評価する。

②　上記割合で、取得額・減価償却累計額・残高を按分する（図A、B）。

③　以降、それぞれ、分割後簿価を期首値とし、残年数に応じた償却率を乗じて償却計算を行う。

(2)　A・Bとも、耐用年数の残年数が従前どおりであれば、二者合計の年償却費、残高は、従前どおりとなる。

(3)　上記分割後、一方を除却する場合は、除却側に残っている取得額・償却累計・残高すべてを0とする。すなわち、除却分の期末残額が除却損となる。

(4)　本処理は、評価減や、誤記マイナス訂正にも、利用できる。

図表11　償却資産の分割

経過年数		0	1	2	3	4	5	6	7
当初	耐用年数（年）	5	5	5	5	5	5		
	減価償却率	0.200	0.200	0.200	0.200	0.200	0.200		
	減価償却費	0	20	20	20	20	20		
	減価償却累計額	0	20	40	60	80	100		
	期末残高（分割前）	100	80	60	40	20	0		

例4．2年目に80：20に分割

		0	1	2	3	4	5	6	7
A 80%	耐用年数（年）	5	5	5	5	5	5		
	減価償却率			0.200	0.200	0.200	0.200		
	減価償却費			16	16	16	16		
	減価償却累計額			32	48	64	80		
	期末残高（分割後A）	80	64	48	32	16	0		
B 20%	耐用年数（年）			5	5	5	5		
	減価償却率			0.200	0.200	0.200	0.200		
	減価償却費			4	4	4	4		
	減価償却累計額			8	12	16	20		
	期末残高（分割後B）	20	16	12	8	4	0		

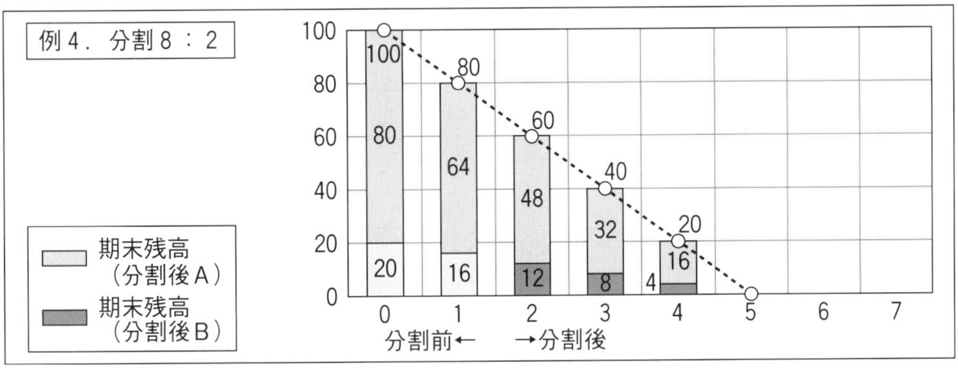

5 償却資産の耐用年数変更（図表12）

本例では、耐用年数が増加した場合と、減少した場合とを併せて示した。

いずれの場合も、変更の翌年度から変更後耐用年数による償却が開始される。

図表12　耐用年数用の途中変更

	経過年数	0	1	2	3	4	5	6	7
当初	耐用年数（年）	5	5	5	5	5	5		
	減価償却率	0.200	0.200	0.200	0.200	0.200	0.200		
	減価償却費	0	20	20	20	20	20		
	減価償却累計額	0	20	40	60	80	100		
	期末残高（当初）	100	80	60	40	20	0		

例5－1．3年目から耐用年数6年に延長（＋1年）

		0	1	2	3	4	5	6	7
延長例	耐用年数（年）	5	5	5	6	6	6	6	
	減価償却率	0.200	0.200	0.200	0.250	0.250	0.250	0.250	
	減価償却費	0	20	20	15	15	15	15	
	減価償却累計額	0	20	40	55	70	85	100	
	期末残高（延長）	100	80	60	45	30	15	0	

例5－2．3年目から耐用年数4年に短縮（－1年）

		0	1	2	3	4	5	6	7
短縮例	耐用年数（年）	5	5	5	4	4			
	減価償却率			0.200	0.500	0.500			
	減価償却費	‥	‥	20	30	30			
	減価償却累計額	‥	‥	40	70	100			
	期末残高（短縮）	‥	‥	60	30	0			

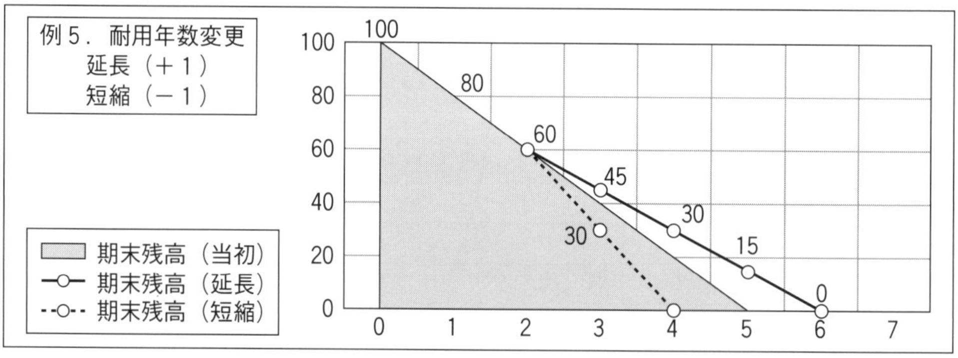

以上、本節の検討全体を通じて、償却に関係する事項に変更が生じたときは、「発生を認識した年度から将来に向けて効果を及ぼす実際的な方法による」という考え方が、原則と言えるであろう。

このことは、資本的支出の処理が最も端的に示している。

第7節　一般の固定資産増減にかかる仕訳

本節では、固定資産の種類と増減事由に対応して、図表13に、典型的な仕訳例を記載する。但し、リース資産の仕訳は、第８節に記載する。

なお、以下の例の資金仕訳では、未払を経由せず、直接、ＣＦで処理している。また、歳入歳出伝票を仮仕訳したものに対する消去仕訳は省略している。

図表13　固定資産の増減にかかる仕訳

Ⅰ．現金支出による資産の取得

１．新規購入

	摘要（増減事由）	借方		借方額	貸方		貸方額
1	土地新規購入	ＢＳ	土地（事業）	1,000	ＣＦ	公共施設等整備費支出	1,000
2	車庫新規建設	ＢＳ	建物（事業）	2,000	ＣＦ	公共施設等整備費支出	2,000
3	ソフトウェア購入	ＢＳ	ソフトウェア	500	ＣＦ	公共施設等整備費支出	500
4	車輌新規購入	ＢＳ	物品	300	ＣＦ	公共施設等整備費支出	300

【留意】①金額は歳出伝票と照合して決定する

２．建設仮勘定

	摘要（増減事由）	借方		借方額	貸方		貸方額
1	○○道路工事⑶X1年度分	ＢＳ	建設仮勘定（インフラ）	2,500	ＣＦ	公共施設等整備費支出	2,500

【留意】①工事名－年度単位に、新規計上する。

②建設仮勘定明細表に記載後、固定資産台帳に転記する。

③土地は、原則、取得＝登記時に、台帳記載・仕訳伝票発行を行うので建設仮勘定を経由しない。

３．下取り取得

	摘要（増減事由）	借方		借方額	貸方		貸方額
1	自動車取得（下取）	ＢＳ	物品①	300	ＣＦ	公共施設等整備費支出②	250
		ＢＳ	減価償却累計額⑤	200	ＢＳ	物品④	250
			計	500			500

①新車市販価格（取得額）　300　　④下取車両取得額　250

②現金支払額　250　　⑤同上償却累計　200

③下取り額＝⑥　50　　⑥同上現在簿価＝④－⑤　50

【留意】①上記は下取車に残存額がある場合の例である。

新規取得車輌の額は、現金支払額と下取車輌の簿価残額の合算となる。

下取車輌は、簿価ゼロとなり、台帳から抹消される。

②下取車が耐用年数を経過し、下取額が通常の値引である場合は、新規購入と同じ仕訳となる。

この場合、下取車輌（備忘価額１円）は、通常の除却処理を行う。

4．資本的支出（年度内完成）

摘要（増減事由）		借方		借方額	貸方		貸方額
既存小学校本体分　　仕訳は発生させないが、資本的支出があった旨台帳に記載する。							
1	小学校耐震補強工事	ＢＳ	建物	2,000	ＣＦ	公共施設等整備費支出	2,000

【留意】①既存建物は、従前通りとするが、耐震補強を登録した旨を記載する。

②耐震補強分は、新規独立行となるが、枝番等で、親との関係を特定する。

翌年度から親と同じ耐用年数で償却を開始する。

5．資本的支出（建仮の状態）

摘要（増減事由）		借方		借方額	貸方		貸方額
既存小学校本体分　　仕訳は発生させないが、資本的支出工事中の旨台帳に記載する。							
1	小学校耐震補強（建仮）	ＢＳ	建設仮勘定（事業）	1,500	ＣＦ	公共施設等整備費支出	1,500

【留意】①建設仮勘定が完成して後、親子関係を特定し、償却を開始する。

6．リース・ＰＦＩ資産の新規取得

摘要（増減事由）		借方		借方額	貸方		貸方額
1	サーバー機	ＢＳ	物品	100	ＢＳ	その他（固定負債）	100
2	ＰＦＩ（公会堂建物）	ＢＳ	建物	1,000	ＢＳ	その他（固定負債）	1,000

【留意】①本例は、リース・ＰＦＩ契約を締結した時点（支払開始前）の仕訳で、資産－負債の両建てとなる。

②金額は契約額から利息やサービス費用を除く本体相当額である。

③取得時点以降の仕訳については、図表14を参照されたい。

Ⅱ．非資金による資産の増加

摘要（増減事由）		借方		借方額	貸方		貸方額
1	内部における調査判明	ＢＳ	土地	30	ＮＷ	無償所管換等	30
2	外部からの寄付受	ＢＳ	土地	50	ＮＷ	無償所管換等	50
3	外部からの寄付受（現在残高10）	ＢＳ	建物	100	ＢＳ	建物減価償却累計額	90
					ＮＷ	無償所管換等	10
			計	100			100

【留意】①「統一的な基準」では、有形固定資産の非資金増加の相手科目はＮＷ無償所管換等としている（誤記訂正、調査判明を含む）。なお、非資金減少の相手科目は、ＰＬ資産除売却損としている。

②建物の無償所管換例では、移管を受けた時点で、開始時と同様の方法で、取得日、取得額、耐用年数、減価償却累計額、簿価を見積っている。但し、当該建物を中古資産取得として現在簿価で直接計上する場合の仕訳は、「借方ＢＳ建物10　貸方ＮＷ無償所管換等　10」となる。

Ⅲ．土地の交換

摘要（増減事由）		借方		借方額	貸方		貸方額
1	外部との等価交換(受)	ＢＳ	土地	40	ＮＷ	無償所管換等	40
	(出)	ＰＬ	資産除売却損	40	ＢＳ	土地	40
			計	80			80
2	同上(不等価交換、損)(受)	ＢＳ	土地	40	ＮＷ	無償所管換等	40
	(出)	ＰＬ	資産除売却損	50	ＢＳ	土地	50
			計	90			90
3	同上(不等価交換、益)(受)	ＢＳ	土地	60	ＮＷ	無償所管換等	60
	(出)	ＰＬ	資産除売却損	50	ＢＳ	土地	50
			計	110			110

【留意】①交換受の相手科目はＮＷ無償所管換等としている。
②交換出の相手科目はＰＬ資産除売却損としている。

Ⅳ．単純分割、統合

・既存資産の単純分割・統合 ・土地の分筆・合筆 ・既存資産の一部につき、除売却、交換、組替等を行うための前処理	台帳の記載は変更されるが、会計上の変動は生じないので、増減仕訳は発生させない。 なお、償却資産の分割においては、取得額、減価償却累計額、簿価の分割が必要となり、前節記載のように、耐用年数の変更もありうる。

Ⅴ．減価償却資産の減少

注）売却の資金仕訳は、未収金を経由せず、直接、ＣＦで処理している。

摘要（増減事由）		借方		借方額	貸方		貸方額
1	減価償却	ＰＬ	減価償却費	20	ＢＳ	建物減価償却累計額	20
2	用途廃止、破損、減失	ＢＳ	建物減価償却累計額	90	ＢＳ	建物	100
	無償譲渡	ＰＬ	資産除売却損	10			
	除却決定		計	100			100
3	売却（等価）	ＢＳ	建物減価償却累計額	90	ＢＳ	建物	100
		ＣＦ	資産売却収入	10			
	（除却処理）		計	100			100
4	売却（益）	ＢＳ	建物減価償却累計額	90	ＢＳ	建物	100
		ＣＦ	資産売却収入	30	ＰＬ	資産売却益	20
			計	120			120
5	売却（損）	ＢＳ	建物減価償却累計額	90	ＢＳ	建物	100
		ＣＦ	資産売却収入	7			
		ＰＬ	資産除売却損	3			
			計	100			100

Ⅵ．振替

摘　要		借方		借方額	貸方		貸方額
1	建仮振替	ＢＳ	建物	60	ＢＳ	建設仮勘定	60
2	会計変更（会計01から）	ＮＷ	その他（純資産減少）	50	ＢＳ	建物（会計01）	50
	（会計03へ）	ＢＳ	建物（会計03）	50	ＮＷ	その他（純資産増加）	50
3	事業・インフラ変更（インフラから）（事業へ）	ＢＳ	土地（事業資産）	100	ＢＳ	土地（インフラ資産）	100

【留意】　会計をまたがる振替においては、それぞれの会計ごとに、仕訳が完結するようにしなければならない。この場合、相手科目は、ＮＷその他純資産の増加又は減少を用いることとすれば、全体としてはその他純資産科目において増減は生じないこととなる。

第8節　リース資産の仕訳

リース契約については、資産、負債、費用、支払にわたる仕訳が、契約期間中にわたって発生する。本節では、前掲図表3で示したリース契約例について、毎年の仕訳を、図表14に示す。リース契約の開始・終了日の関係上、初年度、中間年度、最終年度で、一部、仕訳・金額が異なることに留意を要する。

図表14　リース資産・負債にかかる仕訳

1　初年度

No.	摘　　要	金額	借方科目	貸方科目
1	資産・負債両建て計上	4,600	ＢＳ物品	ＢＳその他（固定負債）
2	減価償却費	—	—	—
3	負債償還費	767	ＢＳその他（固定負債）	ＣＦその他の支出(財務活動)
4	利息	33	ＰＬ支払利息	ＣＦ支払利息支出
5	維持費等	200	ＰＬ物件費	ＣＦ物件費等支出
6	翌年度支払予定額短期化	920	ＢＳその他（固定負債）	ＢＳその他（流動負債）

2　中間年度

1	減価償却費	920	ＰＬ減価償却費	ＢＳ物品減価償却累計額
2	負債償還費	920	ＢＳその他（流動負債）	ＣＦその他の支出(財務活動)
3	利息	40	ＰＬ支払利息	ＣＦ支払利息支出
4	維持費等	240	ＰＬ物件費	ＣＦ物件費等支出
5	翌年度支払予定額短期化	920	ＢＳその他（固定負債）	ＢＳその他（流動負債）
5'	翌年度支払予定額短期化（最終年度の前年）	153	ＢＳその他（固定負債）	ＢＳその他（流動負債）

3　最終年度

1	減価償却費	920	ＰＬ減価償却費	ＢＳ物品減価償却累計額
2	負債償還費	153	ＢＳその他（流動負債）	ＣＦその他の支出(財務活動)
3	利息	7	ＰＬ支払利息	ＣＦ支払利息支出
4	維持費等	40	ＰＬ物件費	ＣＦ物件費等支出

注1）上記仕訳のための金額は、リース契約時点で、契約単位に整理しておく必要がある。

注2）リース支払は、歳出科目上は賃借料であるため、自動仕訳では一律に、歳出伝票単位に一律ＰＬ物件費/ＣＦ経費支出の仕訳が付される。従って、自動仕訳を取消した上、上記の仕訳を行うことが必要である。

注3）通常、リース支払は月単位であるが、上例は、年度単位の仕訳額を示している。

第9節 固定資産台帳の集計

固定資産台帳に記載された会計・勘定科目区分、増減事由、増減金額等を基礎に、仕訳伝票が発行され、財務四表（三表）に集計されるが、このほか、附属明細書等の作表が求められる。固定資産にかかるこうした集計表の概略を図表15に示す。

固定資産作業においては、会計・勘定科目・増減事由による仕訳のほか、行政目的や取得財源情報を整備し、台帳を直接集計する作業も必要となる。

図表15　固定資産台帳の集計の種類

No.	区　分	名　　称	縦集計区分	横集計項目
1	純資産変動計算書	純資産変動計算書	有形固定資産等の増加 有形固定資産等の減少 無償所管換等 その他固定資産の変動	
2	附属明細書	①有形固定資産の明細	勘定科目別	前年度末残高 本年度増加額 本年度減少額 本年度末残高 本年度末減価償却累計額 本年度償却額 本年度末減損損失累計額 本年度減損額 差引本年度末残高
3	附属明細書	②有形固定資産の行政目的別明細	勘定科目別	生活インフラ・国土保全 教育 福祉 環境衛生 産業振興 消防・警察 総務 その他 合計
4	附属明細書	3. 純資産変動計算書の内容に関する明細 (2)財源情報の明細 （財源別ー財源の使途）	有形固定資産等の増加	国県等補助金 地方債 税収等 その他
5	資産負債内訳簿	有形・無形固定資産等明細表	勘定科目	前年度末残高 本年度増加 　有償取得 　無償取得 　調査判明 　評価益 　振替増 　合計 本年度減少 　振替減 　売却 　除却 　無償譲渡 　減価償却 　合計 本年度末残高

第５章　注記及び附属明細書

第1節　注　記

1　重要な会計方針

財務書類作成のために採用している会計処理の原則及び手続並びに表示方法その他財務書類作成のための基本となる次に掲げる事項を記載する。

① 有形固定資産等の評価基準及び評価方法
② 有価証券等の評価基準及び評価方法
③ 有形固定資産等の減価償却の方法
④ 引当金の計上基準及び算定方法
⑤ リース取引の処理方法
⑥ 資金収支計算書における資金の範囲
⑦ その他財務書類作成のための基本となる重要な事項

2　重要な会計方針の変更等

重要な会計方針を変更した場合には、次に掲げる事項を「重要な会計方針」の次に記載しなければならない。

① 会計処理の原則または手続を変更した場合には、その旨、変更の理由及び当該変更が財務書類に与えている影響の内容
② 表示方法を変更した場合には、その旨
③ 資金収支計算書における資金の範囲を変更した場合には、その旨、変更の理由及び当該変更が資金収支計算書に与えている影響の内容

3　重要な後発事象

会計年度終了後、財務書類を作成する日までに発生した事象で、翌年度以降の地方公共団体の財務状況等に影響を及ぼす後発事象のうち、次に掲げるものを記載する。

① 主要な業務の改廃
② 組織・機構の大幅な変更
③ 地方財政制度の大幅な改正
④ 重大な災害等の発生
⑤ その他重要な後発事象

4　偶発債務

会計年度末においては現実の債務ではないが、将来、一定の条件を満たすような事態が生じた場合に債務となるもののうち、次に掲げるものを記載する。

① 保証債務及び損失補償債務負担の状況（総額、確定債務額及び履行すべき額が確定していないものの内訳（貸借対照表計上額及び未計上額））
② 係争中の訴訟等で損害賠償等の請求を受けているもの
③ その他主要な偶発債務

5　追加情報

財務書類の内容を理解するために必要と認められる次に掲げる事項を記載する。

① 対象範囲（対象とする会計名）
② 一般会計等と普通会計の対象範囲等の差異
③ 出納整理期間について、出納整理期間が設けられている旨（根拠条文を含む）及び出納整理期間における現金の受払等を終了した後の計数をもって会計年度末の計数としている旨
④ 表示単位未満の金額は四捨五入することとしているが、四捨五入により合計金額に齟齬が生じる場合は、その旨
⑤ 地方公共団体の財政の健全化に関する法律における健全化判断比率の状況
⑥ 利子補給等に係る債務負担行為の翌年度以降の支出予定額
⑦ 繰越事業に係る将来の支出予定額
⑧ その他財務書類の内容を理解するために必要と認められる事項

また、貸借対照表に係るものとして次の⑨から⑱までに掲げる事項を、行政コスト計算書に係るものとして次の⑲に掲げる事項を、資金収支計算書に係るものとして次の⑳から㉕までに掲げる事項をあわせて記載します。なお、前年度末歳計外現金残高、本年度歳計外現金増減額、本年度末歳計外現金残高及び本年度末現金預金残高について、資金収支計算書の欄外に記載します。

⑨　基準変更による影響額等（開始貸借対照表を作成しない場合。ただし、既に財務書類を作成しているが開始貸借対照表を作成する場合であっても注記することが望まれます。）

⑩　売却可能資産に係る資産科目別の金額及びその範囲

⑪　減価償却について直接法を採用した場合、当該各有形固定資産の科目別または一括による減価償却累計額

⑫　減債基金に係る積立不足の有無及び不足額

⑬　基金借入金（繰替運用）の内容

⑭　地方交付税措置のある地方債のうち、後年度の普通交付税の算定基礎である基準財政需要額に含まれることが見込まれる金額

⑮　将来負担に関する情報（地方公共団体財政健全化法に基づく将来負担比率の算定要素）

⑯　自治法第234条の３に基づく長期継続契約で貸借対照表に計上されたリース債務金額

⑰　管理者と所有者が異なる指定区間外の国道や指定区間の一級河川等及び表示登記が行われていない法定外公共物の財務情報（土地・償却資産別の取得価額等及び減価償却累計額）（地方公共団体の資産としては計上しないものの、公共施設等のマネジメントの観点から、注記することが望まれます。）

⑱　道路、河川及び水路の敷地について、基準モデル等に基づいた評価を当該評価額とした場合は、「資産評価及び固定資産台帳整備の手引き」63段落による評価額

⑲　基準変更による影響額の内訳（開始貸借対照表を作成しない場合）

⑳　純資産における固定資産等形成分及び余剰分（不足分）の内容

㉑　基礎的財政収支

㉒　既存の決算情報との関連性（上記で示した「②　一般会計等と普通会計の対象範囲等の差異」に係るものを除きます。）

㉓　資金収支計算書の業務活動収支と純資産変動計算書の本年度差額との差額の内訳

㉔　一時借入金の増減額が含まれていない旨並びに一時借入金の限度額及び利子の金額

㉕　重要な非資金取引

check! 問題集 問題５－１～問題５－２

第2節　附属明細書

各財務書類（貸借対照表、行政コスト計算書、純資産変動計算書及び資金収支計算書）につき、それぞれその内容に関する明細（附属明細書）を作成しなければならない。そのひな型は、次ページ以降のとおりである。

附属明細書

1　貸借対照表の内容に関する明細

※　下記以外の資産及び負債のうち、その額が資産総額の100分の５を超える科目についても作成する。

(1)　資産項目の明細

①　有形固定資産の明細

（単位：　）

区分	前年度末残高（A）	本年度増加額（B）	本年度減少額（C）	本年度末残高 (A)+(B)−(C)（D）	本年度末 減価償却累計額（E）	本年度償却額（F）	本年度末 減損損失累計額（G）	本年度減損額（H）	差引本年度末残高 (D)−(E)−(G)（I）
事業用資産									
土地									
立木竹									
建物									
工作物									
船舶									
浮標等									
航空機									
その他									
建設仮勘定									
インフラ資産									
土地									
建物									
工作物									
その他									
建設仮勘定									
物品									
合計									

②　有形固定資産の行政目的別明細

（単位：　）

区分	生活インフラ・国土保全	教育	福祉	環境衛生	産業振興	消防・警察	総務	その他	合計
事業用資産									
土地									
立木竹									
建物									
工作物									
船舶									
浮標等									
航空機									
その他									
建設仮勘定									
インフラ資産									
土地									
建物									
工作物									
その他									
建設仮勘定									
物品									
合計									

③　投資及び出資金の明細

市場価格のあるもの

（単位：　）

銘柄名	株数・口数など（A）	時価単価（B）	貸借対照表計上額（A）×（B）（C）	取得単価（D）	取得原価（A）×（D）（E）	評価差額（C）－（E）（F）	（参考）財産に関する調書記載額
合計							

市場価格のないもののうち連結対象団体（会計）に対するもの

（単位：　）

相手先名	出資金額（貸借対照表計上額）（A）	資産（B）	負債（C）	純資産額（B）－（C）（D）	資本金（E）	出資割合（%）（A）/（E）（F）	実質価額（D）×（F）（G）	投資損失引当金計上額（H）	（参考）財産に関する調書記載額
合計									

市場価格のないもののうち連結対象団体（会計）以外に対するもの

（単位：　）

相手先名	出資金額（A）	資産（B）	負債（C）	純資産額（B）－（C）（D）	資本金（E）	出資割合（%）（A）/（E）（F）	実質価額（D）×（F）（G）	強制評価減（H）	貸借対照表計上額（A）－（H）（I）	（参考）財産に関する調書記載額
合計										

④　基金の明細

（単位：　）

種類	現金預金	有価証券	土地	その他	合計 （貸借対照表計上額）	（参考）財産に関する調書記載額
財政調整基金						
減債基金						
…						
…						
合計						

⑤　貸付金の明細

（単位：　）

相手先名または種別	長期貸付金		短期貸付金		（参考）貸付金計
	貸借対照表計上額	徴収不能引当金計上額	貸借対照表計上額	徴収不能引当金計上額	
地方公営事業					
病院					
…					
一部事務組合・広域連合					
○○組合					
…					
地方独立行政法人					
○○大学					
…					
地方三公社					
○○土地開発公社					
…					
第三セクター等					
（株）○○清掃サービス					
…					
その他の貸付金					
○○貸付金					
…					
合計					

⑥　長期延滞債権の明細

（単位：　）

相手先名または種別	貸借対照表計上額	徴収不能引当金計上額
【貸付金】 第三セクター等		
（株）○○		
…		
その他の貸付金		
○○貸付金		
…		
小計		
【未収金】 税等未収金		
固定資産税		
…		
その他の未収金		
使用料・手数料		
…		
小計		
合計		

⑦　未収金の明細

（単位：　）

相手先名または種別	貸借対照表計上額	徴収不能引当金計上額
【貸付金】 第三セクター等		
（株）○○		
…		
その他の貸付金		
○○貸付金		
…		
小計		
【未収金】 税等未収金		
固定資産税		
…		
その他の未収金		
使用料・手数料		
…		
小計		
合計		

(2) 負債項目の明細

① 地方債（借入先別）の明細

（単位：　）

種類	地方債残高	うち1年内償還予定	政府資金	地方公共団体金融機構	市中銀行	その他の金融機関	市場公募債	うち共同発行債	うち住民公募債	その他
【通常分】										
一般公共事業										
公営住宅建設										
災害復旧										
教育・福祉施設										
一般単独事業										
その他										
【特別分】										
臨時財政対策債										
減税補てん債										
退職手当債										
その他										
合計										

※ 【通常分】は資産形成のための地方債、【特別分】は資産形成以外の地方債をいいます。

②　**地方債（利率別）の明細**

（単位：　）

地方債残高	1.5%以下	1.5%超 2.0%以下	2.0%超 2.5%以下	2.5%超 3.0%以下	3.0%超 3.5%以下	3.5%超 4.0%以下	4.0%超	（参考） 加重平均 利率

③　**地方債（返済期間別）の明細**

（単位：　）

地方債残高	1年以内	1年超 2年以内	2年超 3年以内	3年超 4年以内	4年超 5年以内	5年超 10年以内	10年超 15年以内	15年超 20年以内	20年超

④　**特定の契約条項が付された地方債の概要**

（単位：　）

特定の契約条項が 付された地方債残高	契約条項の概要

⑤　**引当金の明細**

（単位：　）

区分	前年度末残高	本年度増加額	本年度減少額		本年度末残高
			目的使用	その他	
合計					

2 行政コスト計算書の内容に関する明細

(1) 補助金等の明細

（単位：　）

区分	名称	相手先	金額	支出目的
他団体への公共施設等整備補助金等（所有外資産分）				
	計			
その他の補助金等				
	計			
合計				

3　純資産変動計算書の内容に関する明細

(1)　財源の明細

（単位：　）

会計	区分	財源の内容		金額
一般会計	税収等	地方税		
		地方交付税		
		地方譲与税		
		…		
		小計		
	国県等補助金	資本的補助金	国庫支出金	
			都道府県等支出金	
			…	
			計	
		経常的補助金	国庫支出金	
			都道府県等支出金	
			…	
			計	
		小計		
	合計			
特別会計				
…				

(2) 財源情報の明細（作成例）

（単位：　）

区分	金額	内訳			
		国県等補助金	地方債	税収等	その他
純行政コスト	ＰＬ及びＮＷ 純行政コスト	【A】 合計－(【B】+【C】)	【D】 合計－(【E】+【F】)	【G】 金額－(【A】+【D】+【J】)	【J】 非資金取引
有形固定資産等の増加	ＮＷ 有形固定資産等の増加	【B】 ＣＦ　投資の国県補助金（【C】を除く）	【E】 ＣＦ　地方債収入のうち固定資産に係るもの（【F】を除く）	【H】 金額－(【B】+【E】+【K】)	【K】 非資金取引
貸付金・基金等の増加	ＮＷ 貸付金・基金等の増加	【C】 ＣＦ　投資の国県補助金のうち貸付金、基金等に係るもの	【F】 ＣＦ　地方債収入のうち貸付金、基金等に係るもの	【I】 金額－(【C】+【F】+【L】)	【L】 非資金取引
その他					
合計	上記の合計	ＮＷ　国県等補助金から地方債償還に係る補助金を控除	ＣＦ　地方債収入から借換債に係る地方債収入を控除	上記の合計	上記の合計

4 資金収支計算書の内容に関する明細

(1) 資金の明細

（単位：　）

種類	本年度末残高
現金	
要求払預金	
短期投資	
…	
…	
合計	

<作成例>
行政コスト計算書に係る行政目的別の明細

（単位：　）

区分	生活インフラ・国土保全	教育	福祉	環境衛生	産業振興	消防・警察	総務	その他	合計
経常費用									
業務費用									
人件費									
職員給与費									
賞与等引当金繰入額									
退職手当引当金繰入額									
その他									
物件費等									
物件費									
維持補修費									
減価償却費									
その他									
その他の業務費用									
支払利息									
徴収不能引当金繰入額									
その他									
移転費用									
補助金等									
社会保障給付									
他会計への繰出金									
その他									
経常収益									
使用料及び手数料									
その他									
純経常行政コスト									
臨時損失									
災害復旧事業費									
資産除売却損									
投資損失引当金繰入額									
損失補償等引当金繰入額									
その他									
臨時利益									
資産売却益									
その他									
純行政コスト									

【出典】　総務省公表資料

第６章　連結財務書類

第1節 連結会計総論（企業会計）

1 連結財務諸表

⑴ 意義

連結財務諸表は、支配従属関係にある２つ以上の企業（会社および会社に準ずる事業体をいい、会社、組合その他これらに準ずる事業体を指す）からなる集団（企業集団）を単一の組織体とみなして、親会社が当該企業集団の財政状態、経営成績およびキャッシュ・フローの状況を総合的に報告するために作成される。

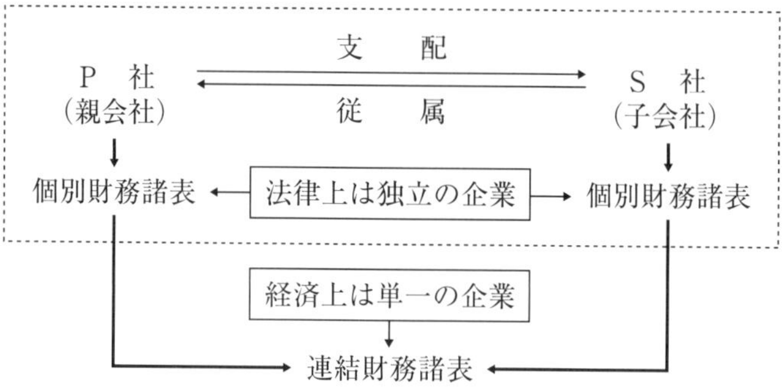

⑵ 親会社および子会社（連結財務諸表に関する会計基準・６、７）

親会社（Parent company：P社）とは、他の企業の財務および営業または事業の方針を決定する機関（株主総会その他これに準ずる機関をいう。以下「意思決定機関」という。）を支配している企業をいい、子会社（Subsidiary company：S社）とは、当該他の企業をいう。

⑶ 目的

連結財務諸表の目的を示すと次のようになる。

① 親会社の株主、その他の利害関係者に対し、個々の会社の個別財務諸表では明らかにすることができない企業集団としての財政状態、経営成績およびキャッシュ・フローの状況をはじめとする適切な会計情報を提供する。

② 親子関係にある企業の財務諸表監査を充実させ、企業経理の健全化に寄与する。いわゆる粉飾決算などの防止に役立たせる。

③ 親会社の経営者に対し、企業集団に関する経営管理上の指針となる必要な情報の提供が得られる。

④ 連結納税制度の採用により、企業課税の実質的合理化に寄与する。

2　連結財務諸表作成における一般原則

一般原則とは、会計処理と表示に際して準拠すべき一般的な規範をいう。連結財務諸表に関する会計基準では、次の4つの一般原則を規定している。

(1)　**真実性の原則（連結財務諸表に関する会計基準・9）**	
規定	連結財務諸表は、企業集団の財政状態、経営成績及びキャッシュ・フローの状況に関して真実な報告を提供するものでなければならない。
内容	真実性の原則は、真実な企業集団の財政状態、経営成績及びキャッシュ・フローの状況を連結財務諸表に記載して報告することを要求する原則である。ここにいう真実とは、絶対的な単一の値を求める絶対的真実ではなく、連結財務諸表に関する会計基準全般にわたる規定に準拠して作成した連結財務諸表を真実なものとする相対的真実を意味する。
(2)　**個別財務諸表基準性の原則（連結財務諸表に関する会計基準・10）**	
規定	連結財務諸表は、企業集団に属する親会社および子会社が一般に公正妥当と認められる企業会計の基準に準拠して作成した個別財務諸表を基礎として作成しなければならない。
内容	個別財務諸表基準性の原則は、連結財務諸表は個別財務諸表を基礎として作成しなければならないこと（基準性）、および合算する個別財務諸表が一般に公正妥当と認められる企業会計の基準に準拠して適正に作成されなければならないこと（準拠性）を要求する原則である。
(3)　**明瞭性の原則（連結財務諸表に関する会計基準・11）**	
規定	連結財務諸表は、企業集団の状況に関する判断を誤らせないよう、利害関係者に対し必要な財務情報を明瞭に表示するものでなければならない。
内容	明瞭性の原則は、企業集団の会計情報を利害関係者に公開しなければならないことを要求するとともに、利害関係者の判断を誤らせないように連結財務諸表を明瞭に作成することを要求する原則である。
(4)　**継続性の原則（連結財務諸表に関する会計基準・12）**	
規定	連結財務諸表作成のために採用した基準および手続は、毎期継続して適用し、みだりにこれを変更してはならない。
内容	継続性の原則は、1つの会計事実について2つ以上の会計処理の原則または手続の選択適用が認められている場合に、その会計処理の原則または手続をいったん採用したならば、正当な理由がある場合を除き、連結財務諸表の期間比較の確保や利益操作を排除するために、継続適用しなければならないことを要求する原則である。

3　個別財務諸表と連結財務諸表

(1)　作成方法

親会社および子会社における個別財務諸表は、会計帳簿から誘導的に作成される。

これに対し、連結財務諸表は会計帳簿に基づくものではなく、親会社および子会社の個別財務諸表に基づき（個別財務諸表基準性の原則）、当該個別財務諸表を連結精算表上で合算し、それに連結上の修正（連結修正）を加えることによって作成される。したがって、連結財務諸表の作成にあたり、個別財務諸表（損益計算書、貸借対照表、株主資本等変動計算書）を組替えなければならない。

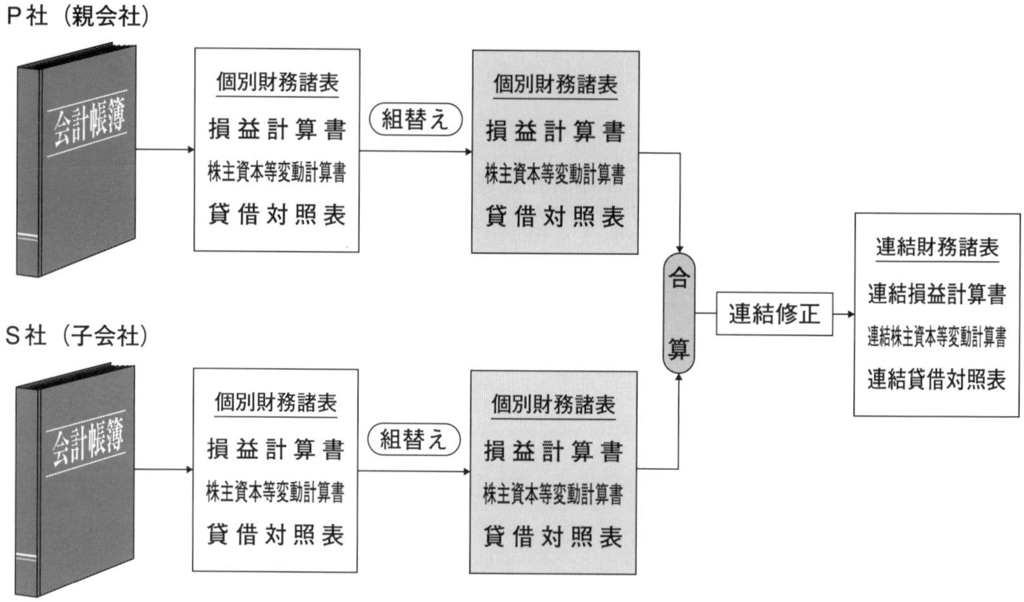

ただし、これら個別財務諸表の組替えや連結上の修正（連結修正）は、単に連結財務諸表を作成するために行われるものであり、個別財務諸表を修正するものではない。

参　考

連結精算表

連結精算表とは、連結財務諸表を作成するまでの一連の手続きを一覧表にしたものをいう。この連結精算表にはさまざまな形式があり、その一例を示すと次のとおりである。

連結精算表

××年×月×日　　　　（単位：　）

科　　目	P　社	S　社	消去・振替仕訳		連結貸借対照表
			借　方	貸　方	
諸　資　産	×××	×××			×××
S社株式	×××			×××	
合　　計	×××	×××			×××
諸　負　債	(×××)	(×××)			(×××)
資　本　金	(×××)	(×××)	×××		(×××)
利益剰余金	(×××)	(×××)	×××		(×××)
合　　計	(×××)	(×××)	×××	×××	(×××)

(注)　(　　) は貸方金額を示す。

(2)　連結決算日（連結財務諸表に関する会計基準・15、16、注4）

① 連結財務諸表の作成に関する期間は1年とし、親会社の会計期間に基づき、年1回一定の日をもって連結決算日とする。

② 子会社の決算日が連結決算日と異なる場合には、子会社は、連結決算日に正規の決算に準ずる合理的な手続きにより決算を行う。なお、子会社の決算日と連結決算日の差異が3ヵ月を超えない場合には、子会社の正規の決算を基礎として連結決算を行うことができる。ただし、この場合には、決算日が異なることから生じる連結会社間の取引に係る会計記録の重要な不一致については、本支店会計における未達取引の修正に準じて必要な整理を行う。

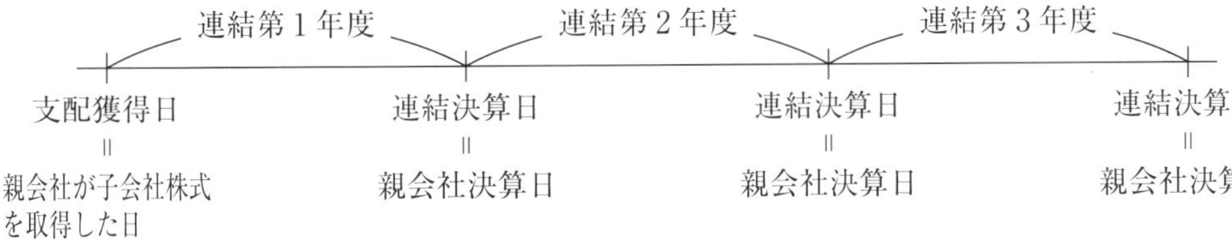

(3)　会計処理の原則および手続き（連結財務諸表に関する会計基準・17）

同一環境下で行われた同一の性質の取引等について、親会社および子会社が採用する会計処理の原則および手続きは、原則として統一する。

第2節 連結手続（企業会計）

1 取得日連結

連結財務諸表は、一方の企業が他方の企業の支配を獲得した時点から作成されるが、この時点では連結貸借対照表のみが作成される。なお、連結貸借対照表の作成手続きは次のとおりである。

(1) 子会社の資産および負債を時価によって評価する。

(2) 親会社と子会社の個別貸借対照表における資産、負債および純資産の金額を合算する。

(3) 親会社の投資と子会社の資本（株主資本項目およびその他の包括利益累計額と評価差額）を相殺消去する。

支配獲得日

子会社の資産および負債の時価評価

↓

個別貸借対照表の合算

↓

投資と資本の相殺消去

↓

連結貸借対照表の作成

2 子会社の資産および負債の時価評価（連結財務諸表に関する会計基準・20、21）

連結貸借対照表の作成にあたっては、支配獲得日において、子会社の資産および負債のすべてを支配獲得日の時価により評価する方法（全面時価評価法）により評価する。なお、この場合に生じる個別貸借対照表上の金額との差額（評価差額）は、子会社の資本とする。

（諸　　資　　産）　×××　　（評　価　差　額）　×××

子会社の資産および負債の時価評価額 － 子会社の資産および負債の帳簿価額 ＝ 評価差額

【範例6－1】

次の資料に基づいて、連結財務諸表の作成にあたり子会社の資産および負債の時価評価に必要な仕訳を行い、修正（組替え）後のＳ社貸借対照表を作成しなさい。

（決算年１回　12月31日）

X1年12月31日に、Ｓ社発行済株式の80％を取得した。同日におけるＳ社の諸資産のうち2,800円は土地であり、その時価は3,000円となっている。

Ｓ社　　貸借対照表　　（単位：円）

諸資産	11,000	諸負債	1,500
		資本金	6,000
		利益準備金	500
		繰越利益剰余金	3,000
	11,000		11,000

➔(1)　子会社の資産および負債の時価評価

（諸　資　産）　200　（評　価　差　額）　200

(2)　修正後の子会社貸借対照表

Ｓ社　　貸借対照表　　（単位：円）

諸資産	11,200	諸負債	1,500
		資本金	6,000
		利益剰余金	3,500
		評価差額	200
	11,200		11,200

解　説

1．利益剰余金

500円（利益準備金）＋3,000円（繰越利益剰余金）＝3,500円

2．評価差額

3,000円－2,800円＝200円

check! 問題集 問題6－1

3　投資と資本の相殺消去（連結財務諸表に関する会計基準・23、24）

親会社と子会社の個別貸借対照表を単純に合算した場合には、親会社の子会社に対する投資と子会社の資本が二重計上となる。そこで、連結貸借対照表を作成する場合には、重複する親会社の子会社に対する投資と子会社の資本を相殺消去する。この手続きを資本連結といい、親会社の投資方法とその投資割合に分けて説明する。

(1)　子会社を設立するため、親会社が100％出資した場合

新たに子会社を全額出資して設立した場合には、子会社株式の取得日（支配獲得日）を基準として相殺消去する。

【範例６－２】

次の資料に基づいて、連結貸借対照表を作成しなさい。（決算年１回　12月31日）

１．Ｐ社におけるＳ社設立前の貸借対照表

Ｐ社　　貸 借 対 照 表（単位：円）

諸　資　産　1,000,000	諸　負　債　400,000
	資　本　金　600,000

２．Ｐ社は、Ｘ1年12月31日に新たにＳ社を設立し、Ｓ社株式（投資割合100％）を300,000円で取得した。なお、Ｓ社は払込金を全額資本金に計上した。

Ｐ社　　貸 借 対 照 表（単位：円）

諸　資　産　700,000	諸　負　債　400,000
Ｓ 社 株 式　300,000	資　本　金　600,000

Ｓ社　　貸 借 対 照 表（単位：円）

諸　資　産　300,000	資　本　金　300,000

➜連結貸借対照表の作成

１．個別貸借対照表の合算

Ｐ社　　連結貸借対照表（単位：円）

	諸　資　産　1,000,000	諸　負　債　400,000	
		資　本　金　600,000	Ｐ社
Ｐ社	Ｓ 社 株 式　300,000	資　本　金　300,000	Ｓ社

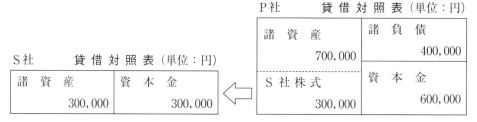

2．連結修正

単に合算しただけではＳ社株式に相当する金額が二重計上となるため、以下の修正仕訳が必要となる。

（資　　本　　金）　300,000　　（Ｓ　社　株　式）　300,000

3．連結貸借対照表

Ｐ社　　連結貸借対照表（単位：円）

諸　資　産 1,000,000	諸　負　債 400,000
	資　本　金 600,000

(2) 既存企業を子会社にするため、親会社が100%出資した場合

すでに設立済みの既存企業を子会社とするために、当該企業の株式100%を市場から購入した場合には、次のような手続きを行う。

① 支配獲得日において、子会社の資産および負債を時価によって評価する。

（諸　　資　　産）　×××　　（評　価　差　額）　×××

② 子会社株式の取得日（支配獲得日）を基準として親会社の投資と子会社の資本を相殺消去する。

③ 親会社の子会社に対する投資とこれに対応する子会社の資本との相殺消去により差額が生じる場合には、当該差額をのれんまたは負ののれんとして処理する。

子会社株式の取得原価 －（子会社の資本＋評価差額）× 親会社持分割合 ＝ ＋のれん・△負ののれん

（資　　本　　金）　×××　　（Ｓ　社　株　式）　×××
（利　益　剰　余　金）　×××
（評　価　差　額）　×××
（の　　れ　　ん）　×××

【範例6－3】

次の資料に基づいて、連結財務諸表の作成に必要な修正仕訳を行い、支配獲得日における連結貸借対照表を作成しなさい。(決算年1回　12月31日)

X1年12月31日に、S社株式（投資割合100%）を9,900円で取得した。同日におけるP社およびS社の個別貸借対照表は、以下のとおりである。なお、S社の諸資産のうち2,800円は土地であり、その時価は3,000円となっている。

P社　貸借対照表　(単位：円)

諸資産	28,600	諸負債	6,500
S社株式	9,900	資本金	25,000
		利益準備金	1,000
		繰越利益剰余金	6,000
	38,500		38,500

S社　貸借対照表　(単位：円)

諸資産	11,000	諸負債	1,500
		資本金	6,000
		利益準備金	500
		繰越利益剰余金	3,000
	11,000		11,000

➜1．子会社の資産および負債の時価評価

(諸資産)	200	(評価差額)	200

2．投資と資本の相殺消去

(資本金)	6,000	(S社株式)	9,900
(利益剰余金)	3,500		
(評価差額)	200		
(のれん)	200		

3．連結貸借対照表

連結貸借対照表

P社　X1年12月31日現在　(単位：円)

諸資産	39,800	諸負債	8,000
のれん	200	資本金	25,000
		利益剰余金	7,000
	40,000		40,000

解　説

1．投資と資本の相殺消去

P社の個別貸借対照表　(単位：円)

諸　資　産　28,600	諸　負　債　6,500
	資　本　金　25,000
S社株式　9,900	利益剰余金　7,000

S社の修正後貸借対照表　(単位：円)

諸　資　産　11,200	諸　負　債　1,500
	資　本　金　6,000
	利益剰余金　3,500
	評価差額　200

●相殺消去●

2．各金額の計算等

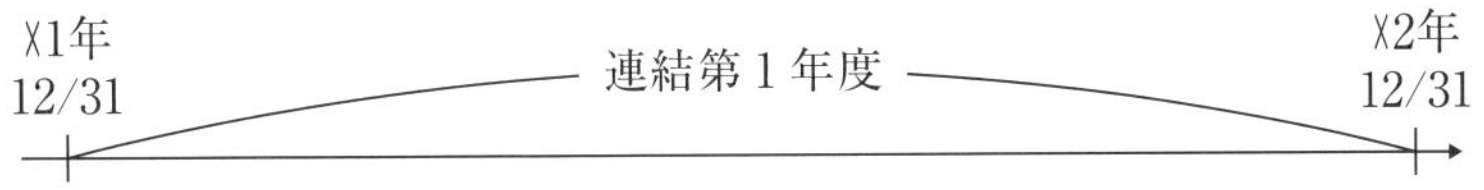

100％を9,900円で取得

資　　本　　金　6,000円

利 益 剰 余 金　3,500円

評　価　差　額　200円

の　　れ　　ん　200円

(注)　利益剰余金は、利益準備金および繰越利益剰余金の合計額である。

(1)　評価差額　3,000円－2,800円＝200円

(2)　のれん　9,900円（子会社株式の取得原価）－(6,000円（子会社資本金）＋3,500円（子会社利益剰余金）＋200円（評価差額）)×100％（親会社持分割合）＝200円

check! 問題集　問題6－2～問題6－3

(3)　既存企業を子会社にするため、親会社が100％未満出資した場合

すでに設立済みの既存企業を子会社とするために、当該企業の株式100％未満を市場から購入した場合には、次のような手続きを行う。

①　支配獲得日において子会社の資産および負債を時価によって評価する。

(諸　　資　　産)　×××　　(評　価　差　額)　×××

②　子会社株式の取得日（支配獲得日）を基準として親会社の投資と子会社の資本を相殺消去する。

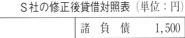

③　親会社の子会社に対する投資とこれに対応する子会社の資本との相殺消去により差額が生じる場合には、当額差額をのれんまたは負ののれんとして処理する。

子会社株式の取得原価－（子会社の資本＋評価差額）×親会社持分割合＝＋のれん・△負ののれん

④　子会社の資本のうち親会社に帰属しない部分は、非支配株主持分とする。なお、非支配株主持分は、貸借対照表上、純資産の部に**非支配株主持分**として表示する。

（子会社の資本＋評価差額）×非支配株主持分割合

投資と資本の相殺消去

（資本金）	×××	（S社株式）	×××
（利益剰余金）	×××	（非支配株主持分）	×××
（評価差額）	×××		
（のれん）	×××		

【範例6－4】

次の資料に基づいて、連結財務諸表の作成に必要な修正仕訳を行い、支配獲得日における連結貸借対照表を作成しなさい。（決算年1回　12月31日）

X1年12月31日に、S社株式（投資割合80％）を8,000円で取得した。同日におけるP社およびS社の個別貸借対照表は、以下のとおりである。なお、S社の諸資産のうち2,800円は土地であり、その時価は3,000円となっている。

P社　貸借対照表　（単位：円）

諸資産	30,500	諸負債	6,500
S社株式	8,000	資本金	25,000
		利益準備金	1,000
		繰越利益剰余金	6,000
	38,500		38,500

S社　貸借対照表　（単位：円）

諸資産	11,000	諸負債	1,500
		資本金	6,000
		利益準備金	500
		繰越利益剰余金	3,000
	11,000		11,000

➜1．子会社の資産および負債の時価評価

（諸資産）	200	（評価差額）	200

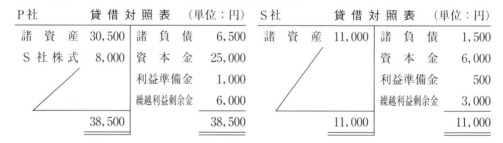

2．投資と資本の相殺消去

(資　本　金)	6,000	(Ｓ　社　株　式)	8,000
(利益剰余金)	3,500	(非支配株主持分)	1,940
(評　価　差　額)	200		
(の　れ　ん)	240		

3．連結貸借対照表

連結貸借対照表

Ｐ社　　X1年12月31日現在　　(単位：円)

諸　資　産	41,700	諸　負　債	8,000
の　れ　ん	240	資　本　金	25,000
		利益剰余金	7,000
		非支配株主持分	1,940
	41,940		41,940

解説

1．投資と資本の相殺消去

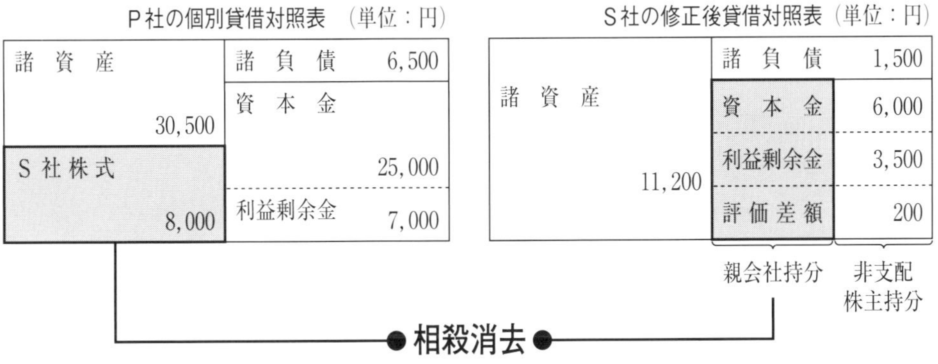

2．各金額の計算等

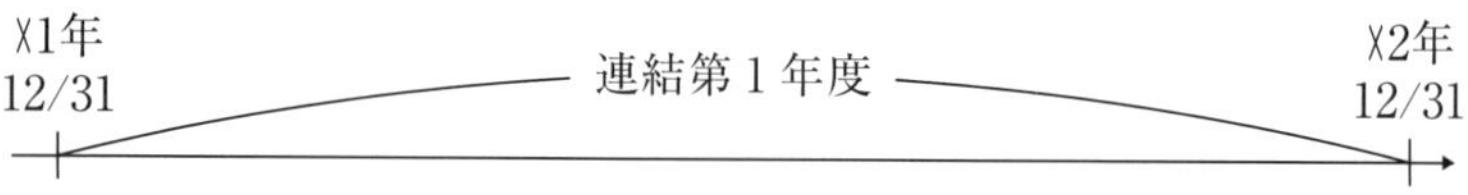

80%を8,000円で取得

資　本　金　6,000円
利益剰余金　3,500円
評価差額　200円
の　れ　ん　240円

（注）利益剰余金は、利益準備金および繰越利益剰余金の合計額である。

(1) 評価差額　3,000円－2,800円＝200円

(2) のれん　8,000円（子会社株式の取得原価）－（6,000円（子会社資本金）＋3,500円（子会社利益剰余金）＋200円（評価差額））×80%（親会社持分割合）
＝240円

(3) 非支配株主持分　（6,000円（子会社資本金）＋3,500円（子会社利益剰余金）＋200円（評価差額））×20%（非支配株主持分割合）＝1,940円

check! 問題集 問題6－4～問題6－6

4　連結会社相互間取引の相殺消去（連結財務諸表に関する会計基準・35）

連結会社相互間取引は、連結会計上、企業グループ内での内部取引と考え、これらを相殺消去しなければならない。相殺消去の対象となるものには次のようなものがある。

(1)　資金取引における相殺消去

連結会社相互間の貸付金と借入金、これによって生じた受取利息と支払利息および経過勘定項目などについて相殺消去を行う。

(2)　売上債権・仕入債務の相殺消去

連結会社相互間の売掛金と買掛金について相殺消去を行う。

【範例６－５】

次の資料に基づいて連結財務諸表の作成に必要な修正仕訳を行いなさい。

（決算年１回　12月31日）

1．Ｐ社には、Ｓ社に対する売掛金100,000円および短期貸付金200,000円がある。

なお、Ｓ社への短期貸付金は、７月１日に利率年１％、期間１年、返済時に元利支払いの条件で貸付けたものである。Ｐ社およびＳ社とも利息を月割り計算によって計上している。

➜

（買　掛　金）	100,000	（売　掛　金）	100,000
（短期借入金）	200,000	（短期貸付金）	200,000
（未払費用）	1,000	（未収収益）	1,000
（受取利息）	1,000	（支払利息）	1,000

解説　各金額の計算等

1．未収収益（未収利息）および未払費用（未払利息）の消去

$$200{,}000\text{円}_{\text{短期貸付金}} \times 1\% \times \frac{6\text{ヶ月}}{12\text{ヶ月}} = 1{,}000\text{円}$$

Ｐ社　個別貸借対照表　／　Ｓ社　個別貸借対照表

Ｐ社 個別貸借対照表			Ｓ社 個別貸借対照表	
売掛金	100,000	相殺	買掛金	100,000
短期貸付金	200,000	相殺	短期借入金	200,000
未収収益	1,000	相殺	未払費用	1,000

Ｐ社 個別損益計算書			Ｓ社 個別損益計算書	
受取利息	1,000	相殺	支払利息	1,000

check! 問題集　問題６－７

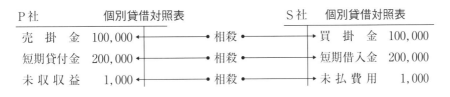

第3節　連結財務書類の対象範囲と連結の方法（公会計）

1　財務書類の対象となる会計

都道府県、市町村（特別区を含む。）並びに地方自治法第284条第１項の一部事務組合及び広域連合（以下「地方公共団体」という。）は、一般会計及び地方公営事業会計以外の特別会計からなる一般会計等財務書類を財務書類作成要領に基づき作成する。

さらに、一般会計等に地方公営事業会計を加えた全体財務書類、全体財務書類に地方公共団体の関連団体を加えた連結財務書類をあわせて作成することとなる。一般会計等、全体及び連結財務書類の対象となる団体（会計）は、次のとおりである。

財務書類の対象となる団体（会計）

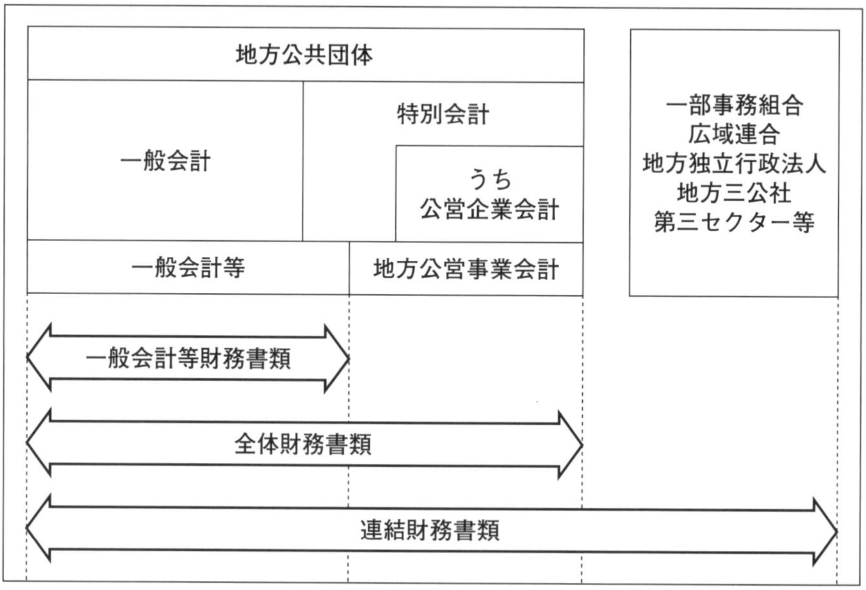

【出典】　総務省公表資料

check! 問題集　問題６－８

2 連結財務書類の対象範囲と基本的な考え方

連結財務書類の対象範囲については、地方公共団体と連携協力して行政サービスを実施している関連団体に該当するか否かで判断することになり、具体的には次のようになる。

連結財務書類の対象範囲

	都道府県・市区町村	一部事務組合・広域連合	地方独立行政法人	地方三公社	第三セクター等
全部連結	○（全部連結）	—	○（業務運営に実質的に主導的な立場を確保している地方公共団体が全部連結）	○（業務運営に実質的に主導的な立場を確保している地方公共団体が全部連結）	○（出資割合50%超又は出資割合50%以下で業務運営に実質的に主導的な立場を確保している地方公共団体が全部連結）
比例連結	—	○（経費負担割合等に応じて比例連結）	△（業務運営に実質的に主導的な立場を確保している地方公共団体を特定できない場合は、出資割合、活動実態等に応じて比例連結）	△（業務運営に実質的に主導的な立場を確保している地方公共団体を特定できない場合は、出資割合、活動実態等に応じて比例連結）	△（業務運営に実質的に主導的な立場を確保している地方公共団体を特定できない場合は、出資割合、活動実態等に応じて比例連結）
備考	一般会計等だけでなく、地方公営事業会計も含む。	一部事務組合・広域連合の運営は、規約において定められる負担割合に基づく構成団体の経費負担によって運営されており、解散した場合はその資産・負債は最終的には各構成団体に継承される。	地方独立行政法人は、中期計画の認可等を通じて設立団体の長の関与が及ぶとともに、設立団体から運営費交付金が交付される。	地方三公社（土地開発公社、地方道路公社及び地方住宅供給公社）は、いずれも特別の法律に基づき地方公共団体が全額出資して設立する法人であり、公共性の高い業務を行っている。	第三セクター等の業務運営に対しては、出資者等の立場から地方公共団体の関与が及ぶほか、地方自治法の規定により出資金等の25%以上を出資している第三セクター等については監査委員による監査の対象となる。

【出典】　総務省公表資料

check! 問題集 問題6－9

3　連結対象団体ごとの連結の方法

(1)　都道府県・市区町村

一般会計等及び地方公営事業会計も全部連結の対象とし、全体財務書類を作成する。なお、法非適用の地方公営事業会計は、会計ごとに一般会計等の作成方法に準拠した財務書類を作成することになる。

(2)　一部事務組合・広域連合

一部事務組合・広域連合は、規約において定められる負担割合に基づく構成団体の経費負担によって運営されており、解散した場合はその資産・負債は最終的には各構成団体に継承される。このため、自らが加入するすべての一部事務組合・広域連合を比例連結の対象とする。

具体的には、規約に基づく当該年度の経費負担割合等に応じた比例連結を行うこととするが、直近の複数年度において大幅な経費負担割合の変動があった場合や当該年度の経費負担がない場合など、当該年度の経費負担割合によることが合理的でない場合は、一定期間の経費負担割合の平均を用いるなど、構成団体が協議して合理的な割合を決定することができることとする。

なお、地方公営企業法の財務規定を適用している一部事務組合・広域連合は法定決算書類を利用するが、地方公営企業法の財務規定を適用しない一般事務組合・広域連合については、財務書類の報告主体として一般会計等の作成方法に準拠して作成した財務書類を利用する。

また、一部事務組合・広域連合が複数の事務を行っており、会計が区分されている場合は、会計ごとに個別財務書類を作成したうえで比例連結割合を算定し、比例連結を行う。

(3)　地方独立行政法人

地方独立行政法人は、中期計画の認可等を通じて設立団体の長の関与が及ぶとともに、設立団体から運営費交付金が交付されること等も踏まえ、自らが出資したすべての地方独立行政法人を全部連結の対象とする（当該地方独立行政法人が連結の範囲に含めた特定関連会社も連結対象とする。）。

(4)　地方三公社（土地開発公社、地方道路公社、地方住宅供給公社）

公有地の拡大の推進に関する法律に基づく土地開発公社、地方道路公社法に基づく地方道路公社及び地方住宅供給公社法に基づく地方住宅供給公社は、いずれも特別の法律に基づき地方公共団体が全額出資して設立する法人であり、公共性の高い業務を行っている。特別法により長の関与が及び、補助金の交付がなされるほか、土地開発公社及び地方道路公社については、法人に対する政府の財政援助の制限に関する法律の規定にかかわらずその債務に対して地方公共団体が債務保証をすることができるほか、債務は設立団体である地方公共団体が最終的には負うこととされていること等を踏まえ、全部連結の対象とする。

(5) 第三セクター

第三セクター等の業務運営に対しては、法律の規定に基づき出資者、出えん者の立場から地方公共団体の関与が及ぶほか、自治法の規定により出資金等の25％以上を出資している第三セクター等については監査委員による監査の対象となり、50％以上を出資している第三セクター等には、予算の執行に関する長の調査権等が及ぶとともに、議会に対する経営状況の提出義務が課せられる。

企業会計では、親会社が支配従属関係にある子会社を含めた連結財務書類が作成されており、子会社の判断基準として支配力基準が採用されているが、第三セクター等も当該基準に準じた取扱いとすることとする。具体的には、出資割合が50％超の第三セクター等については、地方公共団体の関与及び財政支援の下で、実質的に主導的な立場を確保しているといえるため、全部連結の対象とする。出資割合が50％以下の場合であっても役員の派遣、財政支援等の実態や、出資及び損失補償等の財政支援の状況を総合的に勘案し、その第三セクター等の業務運営に実質的に主導的な立場を確保していると認められる場合には、全部連結の対象とする。

また、いずれの地方公共団体にとっても全部連結の対象とならない第三セクター等については、出資割合や活動実態等に応じて、比例連結の対象とする。ただし、出資割合が25％未満であって、損失補償を付している等の重要性がない場合は、比例連結の対象としないことができる。

第三セクター等の経営に実質的に主導的な立場を確保しているかどうかは、企業会計における「財務諸表等の用語、様式及び作成方法に関する規則（いわゆる財務諸表等規則）」第８条第４項など、企業会計における支配力基準を参考に、個々の第三セクター等の実態に即して各地方公共団体において判断することとする。具体的には、次のとおりとなる。

全部連結の対象に含めるべき第三セクター等にあたるケースの例

1	第三セクター等の資金調達額の総額の過半（50％超）を設立団体からの貸付額が占めている場合（資金調達額は設立団体及び金融機関等からの借入など貸借対照表の負債の部に計上されているものとする。設立団体からの貸付額には損失補償等を含むこととするが、補助金、委託料等は含まないものとする。）
2	第三セクター等の意思決定機関（取締役会、理事会等）の構成員の過半数を行政からの派遣職員が占める場合、あるいは構成員の決定に重要な影響力を有している場合
3	第三セクター等への補助金等が、当該第三セクター等の収益の大部分を占める場合（人件費の相当程度を補助するなど重要な補助金を交付している場合）
4	第三セクター等との間に重要な委託契約（当該第三セクター等の業務の大部分を占める場合など）が存在する場合
5	業務運営に関与しない出資者や出えん者の存在により、実質的には当該地方公共団体の意思決定にしたがって業務運営が行われている場合

【出典】　総務省公表資料

⑹　共同設立等の地方独立行政法人・地方三公社

出資割合や財政支出の状況等から業務運営に実質的に主導的な立場を確保している地方公共団体が全部連結を行うことを原則とする。ただし、業務運営に実質的に主導的な立場を確保している地方公共団体を特定できない場合は、出資割合、活動実態等に応じて比例連結を行うこととする。

地方道路公社については、財政健全化法施行規則第12条第１号で定める「出資割合又は設立団体間で協議の上定めた割合」により比例連結を行うこととする。土地開発公社については、構成団体が特定される項目は、それぞれの団体に帰属する金額をもって連結を行い、それ以外の項目については、財政健全化法施行規則第12条第２号で定める「出資割合又は設立団体間で協議の上定めた割合」に応じて按分することとする。

⑺　その他

財産区については、市町村等に財産を帰属させられない経緯から設けられた制度であることから、連結の対象としないこととする。また、地方競馬全国協会、地方公務員災害補償基金、日本下水道事業団、地方公共団体金融機構及び地方公共団体情報システム機構といった地方共同法人には、地方公共団体が出資金や負担金を支払っているが、個々の団体の出資割合等は概して低いため、連結の対象とはしないこととする。
（財産区については、Ｐ83参照のこと。）

第4節 連結決算日

連結決算日は3月31日とする。なお、連結対象団体（会計）の決算日が3月31日と異なる場合、3月31日における仮決算を行うことを原則とするが、決算日の差異が3ヶ月を超えない場合には、連結対象団体（会計）の決算を基礎として連結手続を行うことができることとする。

check! 問題集 問題6－10

第5節　連結財務書類の体系

連結財務書類の体系は、連結貸借対照表、連結行政コスト計算書、連結純資産変動計算書、連結資金収支計算書及びこれらの連結財務書類に関連する連結附属明細書とし、連結行政コスト計算書及び連結純資産変動計算書については、別々の計算書としても、その二つを結合した計算書としても差し支えないこととする。なお、連結資金収支計算書については、その事務負担等に配慮して、当分の間は作成せず、連結精算表でも業務活動収支、投資活動収支及び財務活動収支といった本年度資金収支額の内訳については記載を省略することを許容する。その場合でも、全体資金収支計算書については作成することとする。

連結資金収支計算書内訳表

科目	一般会計等財務書類					全体財務書類						連結財務書類							
	一般会計	○○ 特別会計	総計 (単純合算)	相殺消去	純計	公営事業会計		総計 (単純合算)	連結 修正等	相殺消去	純計	一部事務 組合・ 広域連合	地方独立 行政法人	地方 三公社	第三 セクター 等	総計 (単純合算)	連結 修正等	相殺消去	純計
						公営企業 会計	…					…	…	…	…				
						…	…												
業務活動収支																			
業務支出																			
…																			
業務収入																			
…																			
臨時支出																			
…																			
臨時収入																			
投資活動収支																			
投資活動支出																			
…																			
投資活動収入																			
…																			
財務活動収支																			
財務活動支出																			
…																			
財務活動収入																			
…																			
本年度資金収支額																			
前年度末資金残高																			
本年度末資金残高																			
前年度末歳計外現金残高																			
本年度歳計外現金増減額																			
本年度末歳計外現金残高																			
本年度末現金預金残高																			

省略可能

【出典】 総務省公表資料

連結対象団体（会計）においては、純資産を固定資産等形成分と余剰分（不足分）という内訳に分類していない場合も多いため、その事務負担等に配慮して、連結純資産変動計算書において当該内訳を記載しないことも許容することとされている。

この場合、連結貸借対照表においては、固定資産の額に流動資産における短期貸付金及び基金等を加えた額を固定資産等形成分に記載し、他団体出資等分を連結純資産変動計算書から転記したうえで、純資産額からこれらをあわせた額を差し引いた額を余剰分（不足分）に記載する。また、連結純資産変動計算書においては、連結貸借対照表における固定資産等形成分及び余剰分（不足分）の額を転記し、本年度純資産変動額には、転記されたそれぞれの額から前年度末の残高を差し引いた額を記載する。

連結貸借対照表

（　　年　月　日現在）　　　　　　　　（単位：　）

科目	金額	科目	金額
【資産の部】		【負債の部】	
固定資産		固定負債	
有形固定資産		地方債等	
事業用資産		長期未払金	
…		退職手当引当金	
インフラ資産		損失補償等引当金	
…		その他	
物品		流動負債	
物品減価償却累計額		１年内償還予定地方債等	
無形固定資産		未払金	
ソフトウェア		未払費用	
その他		前受金	
投資その他の資産		前受収益	
投資及び出資金		賞与等引当金	
…		預り金	
長期延滞債権		その他	
長期貸付金		負債合計	
基金		【純資産の部】	
…		固定資産等形成分	
その他		余剰分（不足分）	
徴収不能引当金		他団体出資等分	
流動資産			
現金預金			
未収金			
短期貸付金			
基金			
財政調整基金			
減債基金			
棚卸資産			
その他			
徴収不能引当金			
繰延資産		純資産合計	
資産合計		負債及び純資産合計	

①合計額を記載

②純資産変動計算書より転記

③純資産額から固定資産等形成分と他団体出資等分をあわせた額を引いた額を記載

【出典】　総務省公表資料

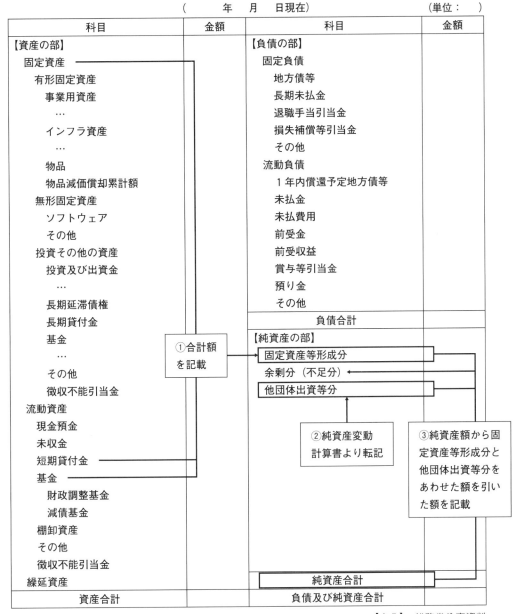

連結純資産変動計算書
自　　　年　月　日
至　　　年　月　日

（単位：　）

科目	合計	固定資産等形成分	余剰分（不足分）	他団体出資等分
前年度末純資産残高				
純行政コスト（△）				
財源				
税収等				
国県等補助金				
本年度差額				
固定資産等の変動（内部変動）		省略可能		
有形固定資産等の増加				
有形固定資産等の減少				
貸付金・基金等の増加				
貸付金・基金等の減少				
資産評価差額				
無償所管換等				
他団体出資等分の増加				
他団体出資等分の減少				
その他				
本年度純資産変動額				
本年度末純資産残高		連結貸借対照表より転記		

【出典】 総務省公表資料

第6節　連結財務書類の作成手順

連結財務書類の作成は、以下の【連結財務書類の作成手順の概要】のとおり概ね5つの段階に分けて行うことになる。

連結財務書類の作成手順の概要

連結作業項目		作業概要
1	連結対象団体（会計）の決定	①　地方公営事業会計：すべて全部連結 ②　一部事務組合・広域連合：すべて比例連結 ③　地方独立行政法人及び地方三公社：すべて全部連結または比例連結 ④　第三セクター等：出資割合等に応じて連結対象（全部連結または比例連結）かを判断。出資割合25％未満で損失補償等を付している等の重要性がない場合は比例連結の対象としないことも可能。
2	法定決算書類の取寄せまたは個別財務書類の作成	①　法定決算書類として貸借対照表等を作成している連結対象団体（会計）分を取り寄せ（法適用公営企業会計、地方独立行政法人、地方三公社、第三セクター等など） ②　法定決算書類として貸借対照表等を作成していない連結対象団体（会計）は一般会計等の作成要領に準拠して新たに個別財務書類を作成（法非適用の地方公営事業会計、一般会計型及び法非適用の公営事業型の一部事務組合・広域連合）
3	法定決算書類の読替え	①　法定決算書類ごとに異なる表示科目を統一的な基準の連結財務書類の科目に揃えるため、本手引きに示されている「連結科目対応表」などに基づき読替え
4	法定決算書類の連結修正等	①　各法定決算書類を一般会計等財務書類の作成基準に揃えるため、有形固定資産等の再評価等の会計処理方法を修正（任意） ②　出納整理期間中の取引は、現金の受払いが年度末までに完了したものとして調整
5	純計処理（単純合算と内部取引の相殺消去等）	①　内部取引調査票により、連結対象団体（会計）内での取引の計上科目と金額の確定 ②　連結内部の取引高及び残高の相殺消去（連結対象内の取引を消す作業） ③　各連結対象団体（会計）の額を単純合算し、連結修正等及び相殺消去分を差し引いたのち、純計を算出

【出典】　総務省公表資料

なお、連結対象団体（会計）ごとの法定決算書類の有無及び個別財務書類の作成方法は、以下の【連結対象団体（会計）ごとの財務書類の作成方法】のとおりとなる。

連結対象団体（会計）ごとの財務書類の作成方法

団体（会計）の種類	会計基準等	財務書類の作成方法			
		貸借対照表	行政コスト計算書	純資産変動計算書	資金収支計算書※1
地方公営企業（法適用）※2	地方公営企業法の財務規定等	○ 貸借対照表から修正・読替え	○ 損益計算書から修正・読替え	× 決算統計及び損益計算書等から作成	○ キャッシュ・フロー計算書等から修正・読替え
地方公営事業会計（法非適用）※3	—	× 執行データ等から仕訳変換を行い作成	× 執行データ等から仕訳変換を行い作成	× 執行データ等から仕訳変換を行い作成	× 執行データ等から仕訳変換を行い作成
一部事務組合・広域連合※4	— （公営企業は地方公営企業法の財務規定等）	× 執行データ等から仕訳変換を行い作成	× 執行データ等から仕訳変換を行い作成	× 執行データ等から仕訳変換を行い作成	× 執行データ等から仕訳変換を行い作成
地方独立行政法人	地方独立行政法人会計基準	○ 貸借対照表から修正・読替え	○ 損益計算書から修正・読替え	× 貸借対照表及び損益計算書等から作成	○ キャッシュ・フロー計算書等から修正・読替え
地方三公社	（例：土地開発公社）土地開発公社経理基準要綱	○ 貸借対照表から修正・読替え	○ 損益計算書から修正・読替え	× 貸借対照表及び損益計算書等から作成	○ キャッシュ・フロー計算書等から修正・読替え
第三セクター等	（例：株式会社等）会社計算規則及び財務諸表規則等	○ 貸借対照表から修正・読替え	○ 損益計算書等から修正・読替え	× 貸借対照表及び損益計算書等から作成	○（一部×） キャッシュ・フロー計算書等から修正・読替え等

○：法定決算書類を基礎として活用可能　　×：新たに個別財務書類を作成する必要あり

※1　連結資金収支計算書は、その事務負担等に配慮して、当分の間は作成しないことも許容することとします。その場合でも、全体資金収支計算書は作成することとします。

※2　一部事務組合・広域連合（地方公営企業（法適用）型）を含みます。

※3　法適用に向けた作業に着手しているものについては、移行期間が延長される予定です。

※4　一部事務組合・広域連合（地方公営企業（法適用）型）を除きます。

【出典】　総務省公表資料

　また、相殺消去の典型的な類型をまとめると、以下の【相殺消去の典型的な類型】のとおりとなる。

相殺消去の典型的な類型

取引のパターン	必要となる相殺消去	
ア　投資と資本の相殺消去	（出資した側） ・貸借対照表の「投資及び出資金」の「出資金」または「その他」を減額 ・資金収支計算書の資金移動額を消去	（出資を受けた側） ・貸借対照表の「純資産の部」を減額 ・資金収支計算書の資金移動額を消去
イ　貸付金・借入金等の債権債務の相殺消去	（貸し付けた側） ・貸借対照表の「長期貸付金」または／及び「短期貸付金」を減額 ・資金収支計算書の資金移動額を消去	（借り入れた側） ・貸借対照表の「地方債等」または／及び「１年内償還予定地方債等」を減額 ・資金収支計算書の資金移動額を消去
ウ　補助金支出と補助金収入（取引高の相殺消去）	（補助した側） ・行政コスト計算書の「補助金等」を減額 ・資金収支計算書の資金移動額を消去	（補助を受けた側） ・純資産変動計算書の「国県等補助金」を減額 ・資金収支計算書の資金移動額を消去
エ　会計間の繰入れ ・繰出し（取引高の相殺消去）	（繰出した側） ・行政コスト計算書の「他会計への繰出金」を減額 ・資金収支計算書の資金移動額を消去	（繰入れた側） ・純資産変動計算書の「税収等」を減額 ・資金収支計算書の資金移動額を消去
オ　資産購入と売却の相殺消去（取引高の相殺消去）	（売却した側） ・行政コスト計算書 　・売却損が生じた場合 　「資産除売却損」（資産売却損相当額）を減額 　・売却益が生じた場合 　「資産売却益」（資産売却益相当額）を減額 ・資金収支計算書 　売買取引相当額を「資産売却収入」から減額	（購入した側） ・貸借対照表 　・売却損が生じた場合 　資産売却損相当額を「有形固定資産」に加算 　・売却益が生じた場合 　資産売却益相当額を「有形固定資産」から減額 ・資金収支計算書 　売買取引相当額を「公共施設等整備費支出」から減額
カ　委託料の支払と受取（取引高の相殺消去）	（委託した側） ・行政コスト計算書の「物件費」を減額 ・資金収支計算書の「物件費等支出」を減額	（受託した側） ・行政コスト計算書の「経常収益」の「その他」を減額 ・資金収支計算書の「業務収入」の「その他の収入」を減額
キ　利息の支払と受取（取引高の相殺消去）	（利息を受け取った側） ・行政コスト計算書の「経常収益」の「その他」を減額 ・資金収支計算書の「業務収入」の「その他の収入」を減額	（利息を支払った側） ・行政コスト計算書の「支払利息」を減額 ・資金収支計算書の「支払利息支出」を減額

【出典】　総務省公表資料

【様式第１号】

連結貸借対照表

（　　年　月　日現在）

（単位：　）

科目	金額	科目	金額
【資産の部】		【負債の部】	
固定資産		固定負債	
有形固定資産		地方債等	
事業用資産		長期未払金	
土地		退職手当引当金	
立木竹		損失補償等引当金	
建物		その他	
建物減価償却累計額		流動負債	
工作物		１年内償還予定地方債等	
工作物減価償却累計額		未払金	
船舶		未払費用	
船舶減価償却累計額		前受金	
浮標等		前受収益	
浮標等減価償却累計額		賞与等引当金	
航空機		預り金	
航空機減価償却累計額		その他	
その他		負債合計	
その他減価償却累計額		【純資産の部】	
建設仮勘定		固定資産等形成分	
インフラ資産		余剰分（不足分）	
土地		他団体出資等分	
建物			
建物減価償却累計額			
工作物			
工作物減価償却累計額			
その他			
その他減価償却累計額			
建設仮勘定			
物品			
物品減価償却累計額			
無形固定資産			
ソフトウェア			
その他			
投資その他の資産			
投資及び出資金			
有価証券			
出資金			
その他			
長期延滞債権			
長期貸付金			
基金			
減債基金			
その他			
その他			
徴収不能引当金			
流動資産			
現金預金			
未収金			
短期貸付金			
基金			
財政調整基金			
減債基金			
棚卸資産			
その他			
徴収不能引当金			
繰延資産		純資産合計	
資産合計		負債及び純資産合計	

【様式第2号】

連結行政コスト計算書
自　　　年　月　日
至　　　年　月　日　　（単位：　）

科目	金額
経常費用	
業務費用	
人件費	
職員給与費	
賞与等引当金繰入額	
退職手当引当金繰入額	
その他	
物件費等	
物件費	
維持補修費	
減価償却費	
その他	
その他の業務費用	
支払利息	
徴収不能引当金繰入額	
その他	
移転費用	
補助金等	
社会保障給付	
その他	
経常収益	
使用料及び手数料	
その他	
純経常行政コスト	
臨時損失	
災害復旧事業費	
資産除売却損	
損失補償等引当金繰入額	
その他	
臨時利益	
資産売却益	
その他	
純行政コスト	

【様式第3号】

連結純資産変動計算書
自　　　年　月　日
至　　　年　月　日

（単位：　）

科目	合計	固定資産等形成分	余剰分（不足分）	他団体出資等分
前年度末純資産残高				
純行政コスト（△）				
財源				
税収等				
国県等補助金				
本年度差額				
固定資産等の変動（内部変動）				
有形固定資産等の増加				
有形固定資産等の減少				
貸付金・基金等の増加				
貸付金・基金等の減少				
資産評価差額				
無償所管換等				
他団体出資等分の増加				
他団体出資等分の減少				
その他				
本年度純資産変動額				
本年度末純資産残高				

【様式第4号】

連結資金収支計算書

自　　　年　月　日

至　　　年　月　日　　　　（単位：　）

科目	金額
【業務活動収支】	
業務支出	
業務費用支出	
人件費支出	
物件費等支出	
支払利息支出	
その他の支出	
移転費用支出	
補助金等支出	
社会保障給付支出	
その他の支出	
業務収入	
税収等収入	
国県等補助金収入	
使用料及び手数料収入	
その他の収入	
臨時支出	
災害復旧事業費支出	
その他の支出	
臨時収入	
業務活動収支	
【投資活動収支】	
投資活動支出	
公共施設等整備費支出	
基金積立金支出	
投資及び出資金支出	
貸付金支出	
その他の支出	
投資活動収入	
国県等補助金収入	
基金取崩収入	
貸付金元金回収収入	
資産売却収入	
その他の収入	
投資活動収支	
【財務活動収支】	
財務活動支出	
地方債等償還支出	
その他の支出	
財務活動収入	
地方債等発行収入	
その他の収入	
財務活動収支	
本年度資金収支額	
前年度末資金残高	
本年度末資金残高	

前年度末歳計外現金残高	
本年度歳計外現金増減額	
本年度末歳計外現金残高	
本年度末現金預金残高	

あとがき

「企業会計原則は、企業会計の実務の中に慣習として発達したもののなかから、一般に公正妥当と認められたところを要約したものであって…」という文書は有名な企業会計原則の冒頭に出てくる。会計基準の性格を適格に表現している。この書物で採用している公会計の基準も又、少ないとはいえ、実務を背景にした議論の中から生まれており（その議論の全貌は、総務省の「今後の新地方公会計の推進に関する研究会（平成22年～平成26年）」の報告書の中にでてくる）、多くの論点に関する調整が実際に図られている。その意味では、この書物の解説等々とは異なる会計的見地も存在することを否定しない。

この書物が最初に出てから、既に４年が経過するが、その内容の改訂に至っていないのは、以上の性格による。もしも、違った見解が存在すれば、それは、将来の改革のための一つの暗示かも知れず、当編集部へご一報賜れることを期待させていただきたい。

一般社団法人地方公会計研究センター
代表理事　淺田隆治

本書内容に関する正誤及び法令等の改正に伴う修正については、「資格の大原書籍販売サイト　大原ブックストア」https://www.o-harabook.jp/をご覧ください。
上記サイトに掲載されていない事項に関するお問い合わせや、本書内容に関する詳細な解説及び指導は行っておりません。あらかじめご了承ください。

地方公会計　教科書　応用編（第3版）

■発行年月日　2016年6月1日　初版発行
　　　　　　　2021年4月10日　3版発行
■著　　　者　一般社団法人 地方公会計研究センター
　　　　　　　学校法人 大原学園大原簿記学校
■発　行　所　大原出版株式会社
　　　　　　　〒101-0065
　　　　　　　東京都千代田区西神田1-2-10
　　　　　　　TEL　03-3292-6654
■印刷・製本　株式会社　メディオ

ISBN978-4-86486-829-7 C1034